圖解台灣33

尋找湯德章

時代與他的七道難題

黃銘正◎著

晨星出版

推薦序——

序黃銘正《尋找湯德章》

我的外祖父林心先生，是日治時代菁英青年薈萃的臺北師範學校的第一屆畢業生。他畢業後，隨即被分發到噍吧哖（今臺南玉井）公學校任教。他第一年所教的班級（六年級）的班長就是湯德章，即後來二二八事件中遭國民黨軍隊處決的臺南名律師。

外公在他的《六五回憶錄》（六十五歲時所寫的手稿，未刊行）中，形容他的學生湯德章「為人勤勉誠實，做事有魄力、負責，有點操行不修〔按：意指不修邊幅〕，但有懲強扶弱之氣概」、「頭腦明晰，做事認真，敢講敢為」。外公嘆息他這位學生，說：「若此人至今在世，也是成為政治舞臺之人也，可惜！」外公質樸的文字中，流露出對學生遭遇不測的惋惜，也讓人感受到時代悲劇的無奈。

二二八事件當中，許多臺南的青年學生去接管警憲的武器，維持地方治安。我的二舅林俊介（當時就讀臺南師範學校）也參加接管武器的工作。但是，事後他沒有被捕，原來擔任「二二八事件處理委員會臺南市分會」治安組長的湯德章被捕後，他一肩承擔所有責任，並將所有資料及名單事先銷毀，挽救許多地方人士與學生。所以，湯德章是我二舅的救命恩人。

湯德章被綁赴臺南市民生綠園（今湯德章紀念公園）槍決示眾時，我的七舅（家母的么弟）當時約七歲，跑去民生綠園圍觀。他事後回憶說，他當時個子還小，在人群中看不到行刑場景，只看到身旁圍觀的大人們都在啜泣拭淚。

我小學時代即數次聽外公在與大人們聊天時，提到他的學生湯德章，也數次提到二二八事件，都細聲輕嘆，讓我留下深刻印象，也埋下我日後研究二二八事件的動機。

研究二二八事件，必然要了解湯德章。他的生命史，馱負著臺灣史的心酸血淚。他的身世，他的角色，他的心路歷程，他的英雄悲劇，足堪後人深省。

湯德章，一九〇七年（明治四十年）出生於臺南楠西，他的父親是來臺的日本警察，母親湯玉是臺灣女子。湯父曾擔任南化派駐所調查部長，因為一九一五年的噍吧哖事件被臺灣人殺害，父親死後，湯德章遂從母姓。

噍吧哖公學校畢業後，湯德章考入臺南師範，因飢餓偷吃宿舍的飯，遭退學。返家耕農，學燒炭，而後應考警察，被分派臺南警察局擔任巡查，之後升到警部。然因不滿日人的歧視待遇，加上他對臺灣人特別照顧，引來壓力，被迫掛冠而去。

擔任警察期間，湯德章曾赴廣東支援警界，目睹中國官場的貪腐文化。

湯德章辭職離開警界之後，遠赴日本，進入中央大學法律系隨讀，通過日本高等文官司法人員考試，返回臺南執律師業。

二戰後，湯德章出任民間團體臺南市人民自由保障委員會主任委員，致力人權保障的工作。一九四六年，競選臺灣省參議員，列候補參議員。

一九四七年二二八事件爆發，三月六日「二二八事件處理委員會臺南市分會」成立，湯德章被推為治安組長，協助穩定臺南局面，曾勸青年學生勿輕舉妄動。

三月八日臺南市各界聚集於參議會選舉市長候選人，湯以第三高票被推舉為市長候選人之一。然而，國府軍隊進入臺南後，他於三月十一日以「率領學生占領警察局」罪名被拘捕。

湯德章為了保護臺南地方菁英與學生，在軍人前來逮捕之前，及時將所有資料及名單銷毀，一力承擔所有責任。

湯德章被逮捕後，在憲兵隊受到嚴厲酷刑，他遭受以木片夾手指之刑，手指腫得無法提筷，只能以口就碗吃飯。甚至還被反綁懸吊刑求一整夜，肋骨被槍托打斷！

三月十三日湯德章雙腕被反綁，背後插有書寫姓名的木牌，押上卡車，繞行市街，然後押赴民生綠園槍決。被士兵推下卡車準備接受槍決的湯德章，神情自若，還向四周的市民微笑。行刑的士兵厲聲叱喝「跪下！」湯德章端立不動，破口大罵士兵，並高喊「臺灣人萬歲」。子彈穿入湯德章的鼻樑及前額，他仍然傲骨挺然，怒目圓瞪，過些時才倒下……。圍觀民眾隱隱啜泣……。事後士兵不准家屬收屍，任其暴露。

湯德章四十一歲的生命，馱負著臺灣歷史的時代悲劇。他的父親遭到抗日的臺灣人殺害；但在日本統治下，湯德章以臺灣人身分，替臺灣人打抱不平，遭日本殖民當局之忌。他到日本求學，被當做是臺灣人；中國國民黨來了，他卻又被認定為日本人，成為中國國民黨軍人亟欲除滅的「首惡」對象。

在橫跨兩個外來統治者之間，湯德章背負著尷尬、無奈，又吊詭的角色。他是悲劇時代的縮影，但是他的仗義行事，他的見義勇為，他臨刑前的從容就義，是臺灣難見的英雄。

我很欣慰，也很感謝青年學者黃銘正，為臺灣寫下這本湯德章的傳記，一本系統結構嚴謹，卻又文筆生動流暢的傳記。希望能告慰湯德章蒙冤受辱的在天之靈；希望我們臺灣的青年後代，不要忘記心酸血淚的歷史。

歷史不能忘，悲劇才不會再來。

李筱峰（國立臺北教育大學名譽教授）

二〇二四年一月一日於國立臺北教育大學臺灣文化研究所

作者序——

湯德章的七道難題

記得是二〇一八年左右去臺南拍城市行銷片，一行人在悠緩的中西區繞行，那裡有明清、荷蘭、日本時代的建築，古蹟多又集中，帶我鑽小巷的設計師王士俊熱衷美食，勘景行程便出現各種驚喜。繞來繞去總是很容易繞到圓環，上面寫著「湯德章紀念公園」。

臺灣很多這種以舊地名、人物、事件為命名的地標景點，跟許多人一樣，我也好奇湯德章是誰？隱約知道湯德章死於二二八事件……，僅止於此。直到有一次在臉書上知道更多湯的身世，尤其一件事在腦中不斷回映：「湯德章父親是日本警察，死於臺人抗日的噍吧哖事件……。」

我開始想像這個混血小孩會怎麼長大？在殖民時代，他到底算是被殖民的臺灣人？還是統治階級的日本人？他又如何看待自己？才八歲就沒有老爸，他會有什麼樣的認同混亂嗎？一連串的問號不停的閃過腦海。

這個發問在臺灣似乎很直接、切身，又一個跟身分與國家認同相關的問題，只是這個認同問題在湯德章身上顯得更複雜、難解，因為那是在臺灣的日治時代，一個大部分臺灣人很模糊的被殖民時代。

如果有時光機，如果湯德章可以回來此刻的臺灣，看到依舊處在國家認同分裂的我們，他會想告訴我們什麼嗎？這些發問讓我鑽進歷史裡，重新去看湯德章，順便回看那個模糊的臺灣的日治時代。然而，我面對的卻是更多的問號！

湯德章四十載的人生中經歷許多轉折，那些轉折要面臨選擇的條件和現在不同。如果試著回到過去，回到湯德章會面臨的社會氛圍與條件下，把角色換作是我們，又會做出什麼樣的決定？

湯德章面臨的難題分析，有較多的理性，和以感性為訴求的紀錄片，方向不同。由此，這本書便開始啟程了。

黃銘正

二〇二三年十一月十六日

目次

2 臺南師範：第一次感受殖民體制的壓迫。如果你是湯德章，面對難題該如何選擇？

3 走上警察之路——是追尋父親的足跡？還是當時臺灣的警察是個好職業？

4 鹿沼事件——當公平正義的天秤，遇上殖民統治者的政商壓力，湯德章的選擇是？

7 才歡喜脫離殖民，走上政治之路，卻發現臺灣與中國的巨大差異。湯德章又一次生活在格格不入的體制中，遇到的難題就像他出生時一樣無解……

人物關係簡表

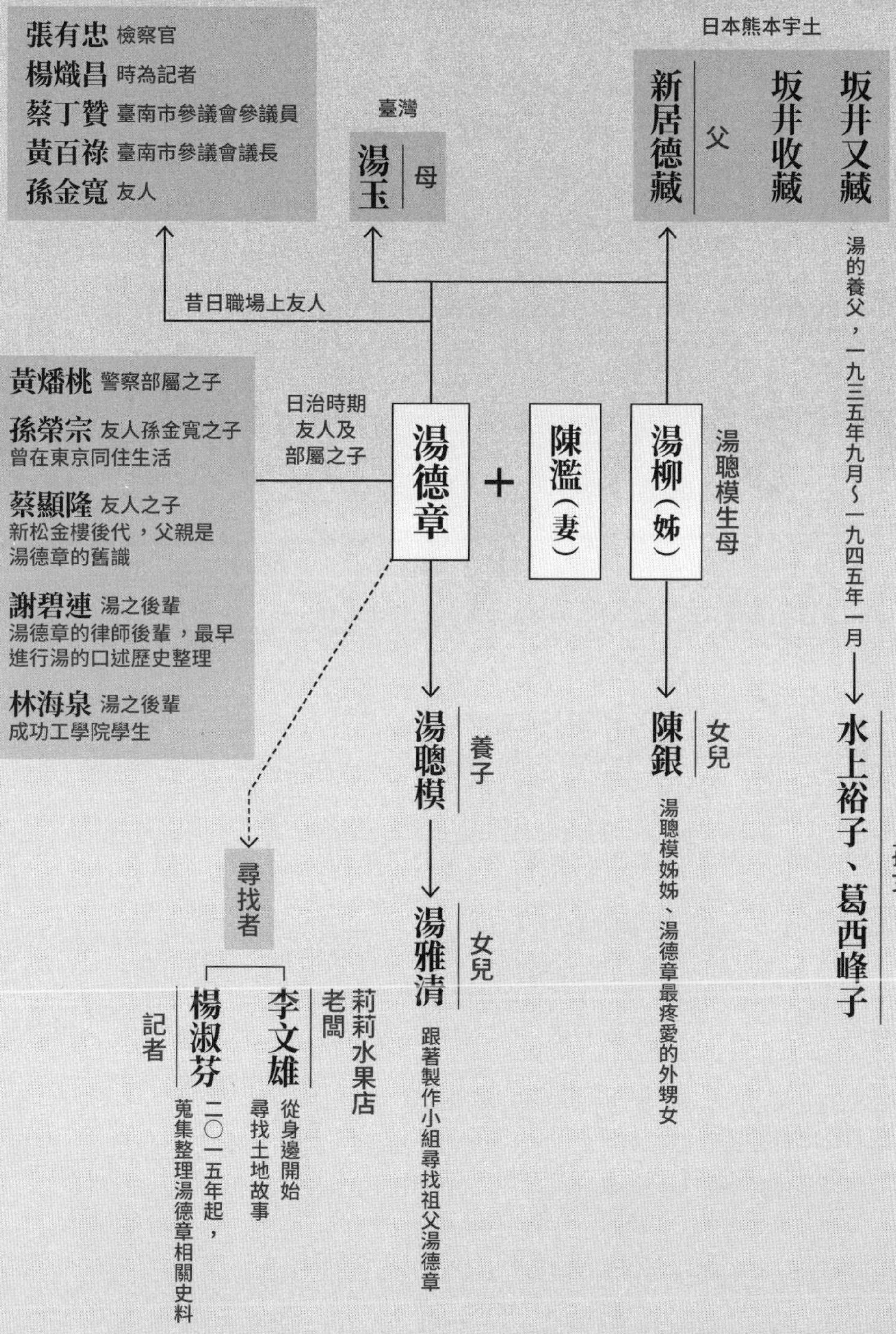
張有忠 檢察官
楊熾昌 時為記者
蔡丁贊 臺南市參議會參議員
黃百祿 臺南市參議會議長
孫金寬 友人
昔日職場上友人
臺灣
湯玉 母
日本熊本宇土
坂井又藏
坂井收藏
新居德藏
父
湯的養父，一九三五年九月～一九四五年一月
黃燔桃 警察部屬之子
孫榮宗 友人孫金寬之子
曾在東京同住生活
蔡顯隆 友人之子
新松金樓後代，父親是
湯德章的舊識
謝碧連 湯之後輩
湯德章的律師後輩，最早
進行湯的口述歷史整理
林海泉 湯之後輩
成功工學院學生
日治時期
友人及
部屬之子
湯德章
+
陳濫（妻）
湯柳（姊）
湯聰模生母
湯聰模
養子
湯雅清
女兒
跟著製作小組尋找祖父湯德章
陳銀
女兒
湯聰模姊姊、湯德章最疼愛的外甥女
水上裕子、葛西峰子
孫女
尋找者
李文雄
莉莉水果店
老闆
從身邊開始
尋找土地故事
楊淑芬
記者
二〇一五年起，
蒐集整理湯德章相關史料

這個世界是由兩個世界組合起來
兩種生活、兩種人，說兩種話
臺灣和日本，我的媽媽和爸爸

1

一九〇七年我出生了，但是在殖民社會裡，一切都很不一樣……

湯德章三歲（站立），與母親湯玉、姊湯柳（七歲）合影，1910年

一九〇七年湯德章出生，母親是臺灣人湯玉，父親是日本人警察新居德藏。

這一年是日本殖民統治臺灣的第十二年，在戶口名簿上的記載，湯玉是新居德藏的同居寄留人，所謂的「內緣妻」：即無正式婚姻關係的同居人。依照當時的法律，臺日不能通婚，於是湯德章從母親的姓氏「湯」。

湯德章有個大他四歲的姊姊湯柳（一九〇三年出生），還有個弟弟德次郎，但弟弟很小就生病早夭。湯德章的媽媽湯玉有吃檳榔的習慣，還裹著小腳，在籍貫上記載著「福」，是指使用福佬話的人，並非一定來自中國福建，也可能是漢化的平埔族或是兩者的混血。從照片上可以看到湯玉和湯柳穿著漢服，湯德章則是穿水手服和日本小學生服裝（某種和服的改良版），這幾張留存了一百多年的全家福照片裡，缺席的總是父親新居德藏。

湯德章（七歲）、湯玉、湯柳家族合影，
1914年

日本人父親新居德藏

新居德藏出生於一八七五年的日本熊本，原名為坂井德藏，據說是跟父親吵架後給新居家當養子，遂改了姓。

日本領臺後，一八九八年上任的臺灣總督兒玉源太郎，與後藤新平籌劃了一個強大的警察體系以取代軍隊，用高壓來控制並掌握地方基層。從戶口調查、保甲監督，甚至環境衛生、食鹽、樟腦專賣等相關事務，都由警察負責執行，臺灣當時需要大量警察人力。

新居德藏在這樣的背景下，從日本來到臺灣成為警察。戶籍上記載著一九〇二年，他從臺中葫蘆墩（豐原）派調至臺南南庄派出所（玉井、左鎮一帶），擔任巡查（基層警察）的工作，並結識了來自高雄內門鄉的湯玉。

一九〇五年，總督府開始臺灣全島的戶口普查，這項工作自然是由警察執行，新居德藏當時已與湯玉有了第一個小孩湯柳，雖然無正式的婚姻關係，但戶口調查正是份內的工作，

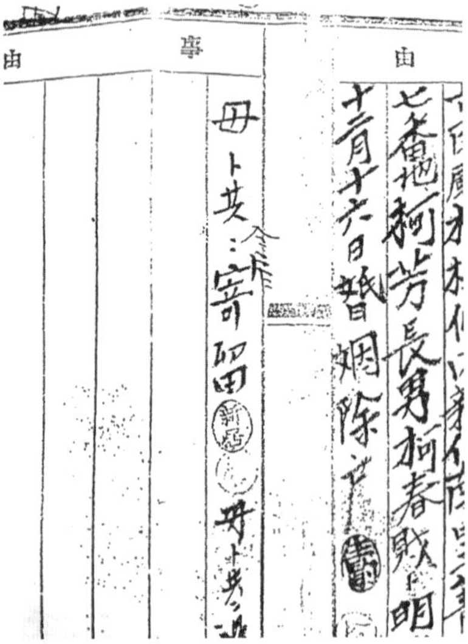

戶籍內的新居印章

從一百多年前的戶籍簿上，可看到以「新居」做確認的印章，新居德藏確實地將自己的家庭狀況如實登入。

歷經三年的疫情封鎖，二〇二二年十月我們來到日本九州的熊本。

為拍攝紀錄片「尋找湯德章」，我們和湯雅清（代替腳傷的父親湯聰模：湯德章養子），來到離熊本約四十分鐘車程的宇土市，想探訪湯德章的父親「坂井德藏」家族遺跡。

坂井家舊址在今天熊井醬油工廠後面，如今建物遺址只剩一部分的石造圍牆，這種看起來玫瑰色的石頭，正是熊本的特產：馬門石，屬於火山爆發遺留的沉積物，被廣泛的使用在牆壁、橋樑等。

透過宇土市公所的安排，我們看到坂井家族的舊墓園，墓碑老舊傾倒，長滿了攀藤植物，撥開野草，散落的墓碑中，其中一塊寫著「坂井收藏」，他是坂井家的次男，於一九〇五年死於

坂井又藏家墓

朝鮮（韓國），朝鮮當時名為日本的保護國，實為日本殖民地。原來坂井家的三個男孩，有一個到了臺灣，一個到了朝鮮，卻都死於海外殖民地，僅剩老三坂井又藏，他最後也離開熊本到東京。

政權交替之際，總會有大事發生。一八九五年日本領臺之初，便遭遇臺灣人的抵抗，大大小小的衝突、死傷不斷，過了七年，一九〇二年總督府才發表「全島治安恢復」聲明，但臺灣人抗日事件並沒有真正被撲滅。一九〇七年湯德章出生，這一年發生新竹的漢人與原住民抗日的北埔事件。而另一波的動盪則正從四面八方持續累積能量，終於爆發日治時期臺灣最大的武裝抗日：噍吧哖事件。

噍吧哖事件前後

一九一五年，余清芳在西來庵策劃以宗教之名的抗日行動，他與江定率領對日本不滿的地主、農民等民眾百餘人，持槍、竹棒、竹槍等器械襲擊多個日本派出所，八月二日群眾夜襲南庄警察官吏派出所，潑石油燒毀建築，殺死守備警察二十人，並占據至同月七日始被日方擊退。[1]

在南庄警察官吏派出所，擔任巡查的新居德藏在事件中身亡，八歲的湯德章被派出所的工友黃木貴背負救出，逃過一劫，湯母與姊姊湯柳也被救出。噍吧哖事件後，臺灣總督府在臺南地方法院開設臨時法院，法院判決的結果是死刑八六六人（約占六〇%），有刑期四五三人（其中十五年以上十八人，十二年以上六十三人，九年以上三七二人），無罪八十六人）。由於處刑殘酷，死刑比例過高，震驚世界與日本帝國議會，日本政府乃以大正天皇登基為由，進行特赦。[2]

噍吧哖事件之前，是什麼背景讓巨大的死傷風暴一步步釀成？

一八九五之前的清治時期，臺灣中南部有許多私人經營的糖廍，小規模的將甘蔗榨成糖來賣。到了日治時期規定甘

噍吧哖事件中的西來庵寺廟（國立臺灣圖書館藏）

註1：林衡道主編，《余清芳抗日革命案全檔》，臺灣省文獻委員會。

註2：參見山邊健太郎，《現代史資料：臺灣（一）》，p73-85。

蔗只能賣給日本人的糖廠，而且價格還只能用公訂價，於是大部分的私人糖廍被迫關閉。加上清代的慣行，山林原野的使用僅依口頭契約，人民可以自由上山開採樹木、竹林、樟腦，但日治時期的山林地幾乎變成國有地，要獲得許可才能開採。其中沿山地區的噍吧哖（玉井）、楠西、南化、大目降（新化）等地，官有林地更高達九九・六％。原本山林地開採被斷絕，農人的收入下降，加上一九一三和一九一四年間臺灣發生兩次嚴重的颱風天災，激烈反日抗爭的態勢已然慢慢成形。[3]

身為警察之子

因為沒有正式婚姻關係，新居德藏遇難後湯家並無得到補償，失去經濟來源後，湯玉便開始以縫製布鈕扣維生，[4]並離開傷心地南庄。

湯玉一家搬到玉井，寄住在中醫師楊泉家。湯德章也由玉井公學校南庄分校轉至玉井公學校就讀。根據湯德章小學六年級的導師林心（歷史學家李筱峰的外公）未出版的傳記《六五回憶錄》上記載湯德章

事件中受襲擊的南庄派出所（國立臺灣圖書館藏）

註3：康豹，《染血的山谷：日治時期的噍吧哖事件》，三民書局，2006年6月，p16-24。林政儒，〈噍吧哖事件與林野調查〉，《臺灣學通訊》八十九期，2015年9月。

註4：陳銀口述。

「為人勤勉誠實，做事有魄力、負責，有點操行不修，但有懲強扶弱之氣概」。

一九二一年湯德章從玉井公學校畢業，是他一生中唯一的一張畢業證書。湯德章的學業成績良好，同班的二十一位同學中他排名第二。在玉井公學校校長的勸說下，湯德章投考臺南師範學校。考試分筆試和口試兩階段，那一年報考者六四三名，取一九八名，錄取率三〇%。湯德章考上了。

楊泉醫師的孫子楊顯堂描述，湯德章「體格魁梧，好打抱不平，看似吊兒郎當，未認真讀書，卻是絕頂聰明，一舉考進臺南師範學校。」

學籍簿上，我們看見湯德章以「林德章」的名字在臺南師範註冊，家長和保人的姓名是「林保」，後來在學籍名簿上也查到，林保是湯德章在玉井公學校的同學。

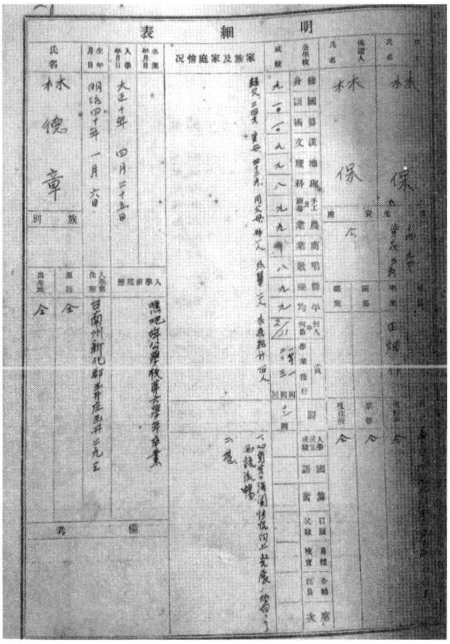
明細表
氏名 林德章
生年月日 明治四十年一月六日
入學年月日 大正十年四月二十五日
保證人 林保

湯德章在臺南師範學校的學籍簿

成為師範生

一九二一年，臺南師範的校舍還未建好，學生寄宿在赤崁樓的舊宿舍，集體通學至新校區。每天早晨與黃昏全校六三〇名學生步行往返，由於隊伍整齊，井然有序，獲得市民讚許，在當時成為臺南風光之一。[5]

和湯德章同時期入學的校友黃丁元先生（一九二五年三月畢業）曾回憶臺南師範：「剛入學，我們還參與了校地的整治工作，每個人都被分配一塊校地，然後開始挖一直向下挖到兩尺深左右。因為南師的校地本來是一大片的墳墓底，所以我們當時挖到棺材，雖然都是在大白天而且人很多，但不免心驚膽跳，沒挖到就好，一挖到寶，大家跑的比飛還快……。」

湯德章要先念一年的豫（預）科，之後再念四年本科。學費由國家負擔，但是書包、制服、鞋子要依規定購買，學生一律住校，並繳伙食費，另外學校還發錢，年領三十六圓。

臺南師範の入學志願者
相變らず殺到
卒業後の就職が
容易であるのも一因

【臺南電話】臺南市に於ける中等學校中最も入學希望者が多い所は臺南師範學校で一昨年は普通科講習科を合して募集人員八十名に對し入學希望者は一千三百七十名昨年が同じく八十名に對し九百八十一名の希望者があつて競爭激烈を極めたが本年も亦頗る多く去る二十五日の締切迄に普通科が募集人員四十名に對し入學希望者は七百十二名で内內地人七十三名本島人六百三十五名蕃人四名講習科が同じく四十名の募集人員に對し入學希望者百七十七名内內地人十七名本島人百五十八名蕃人二名を算してをるが之は云ふ迄もなく卒業後の就職が容易である爲で當人達よりも却つて父兄の志望する結果と見られてをる

1927 年，報導「臺南師範的入學志願者，依舊蜂擁而至，畢業後就業容易也是一個原因」（引自《臺灣日日新報》）

註5：楊淑芬，《亂世英魂——湯德章紀念公園之前世今生》，莉莉水果文化館發行，p8。

勒令退學

湯德章在一九二五年被學校勒令退學。為何這位在小學學籍簿上被說成是身心強健，向上發展的學生，四年後卻被退學？

有一說是學校伙食太差，引起學生不滿導致罷課。也有聽說是湯德章放假不回家，老是在臺南市逗留，觸犯校規且遭學校勸誡，屢勸不聽……？

校友黃丁元另曾回憶：「當時學校只有男生可以入學，男生也不是想讀就可以讀，必須經過一連串嚴格的身家調查才行，學校對師資品質的把關也非常嚴格，老師都是從日本的高等師範大學畢業才到臺灣來教書。學生人數很少，大約只有一百多人左右，分成四班，由於是在日本人的統治之下，所以當時的規矩非常非常非常的嚴格，只要有一丁點的錯誤，換來的可能就是一頓臭罵！而且當時是採學長學弟制，那時候要是在路上看到學長而沒有打招呼就慘了，縱使學長當場賞你一個耳光你也只有默默的忍受，甚至還得行禮說：多謝教誨，才能了事。如果

臺南師範學校初期借用赤崁樓當校舍（引自臺史博Opendata）

你去報告老師，唯一的下場就只有換來二度傷害。

因為實施皇民化的結果，所有的生活起居完完全全的日本化，例如吃東西的習慣從本來的蹲坐姿勢，被嚴格的要求所謂的正坐，很多學生往往因為無法適應，而在夜裡偷偷地掉淚；畢竟一個剛畢業的小學生在心智及情緒管理上都不是那麼成熟。在生活上的管理，比起軍中甚至不無過之，舍監對學生的管理是非常嚴苛，也因此在私底下學生稱呼那些日本人叫做「日本番」，然而這樣的管理也並非完全沒有好處，在經歷了兩個星期左右的學校生活之後，就完完全全變了一個人，變得彬彬有禮，變得不再散漫，做事積極負責，比起一般學校的學生或許真的辛苦了很多，不過現在回想回來卻絕對的值得。

由於師範學校本是為了培養未來師資而存在的，所以對其學生的要求自然嚴格一些，尤其是在品行方

臺南師範學校係於西元 1918 年創立，起初係作為臺灣總督府國語學校分校設立，1919 年改稱為臺灣總督府臺南師範學校。現為國立臺南大學。（引自臺史博 Opendata）

面，那個時候就算只是偷了一隻筆，也只有退學這一條路可走，因為偷竊本身是不被學校所容許的行為，所以當時退學的人並不在少數，而退學的大多以品行不良的居多。」

我們找到湯德章最疼愛的外甥女陳銀，九十五歲的她回憶說：「湯德章因為家窮，穿母親縫製的衣服，卻不符合學校規定，但湯德章認為家裡沒錢，穿這個有什麼關係？在屢次被老師糾正後，湯終於忍無可忍，他撕毀身上的校服，丟向老師……。」

翻開被除籍資料裡，我們看到他的評語，上頭寫著：愛碎念、愛發牢騷不合作、儀容不整、態度散漫、課業不認真、服裝不符合規定被校長訓話、對老師做出失禮行為……，三年級時是最後一條評語：仍然改不了。再往下仔細看他的操行成績，預科一進來就是乙下，之後是丙，然後丁。

十八歲、三年級，僅剩一年就可畢業的湯德章，被臺南師範學校退學。

小學老師的評語是「剛強不羈、抑強扶弱性格」的湯德章，在師範學校裡看到什麼？又做了什麼？

翻開他當時念的書本「Secondary school reader with notes and explanations」，書的第一頁寫著「退校紀念」，書的末頁則是「四月退校紀念藏書」，署名「新居德章」。退校對湯德章而言是光榮、開心，值得慶賀的事？既然是紀念，也許退學對湯德章而言，並非抑鬱與煩惱，而是更像一種海闊天空的釋放與解脫。那是擺脫了教育的框框？還是心裡想跟無處不在的殖民壓迫決裂呢？

湯德章留存的另一本書上寫著：「拾有八而志於學」，與「第二中隊一年志願兵」，我們查問湯德章的親友、後輩，都沒有他跑去當兵的記憶，也許被退學後，湯德章面對不可知的未來，

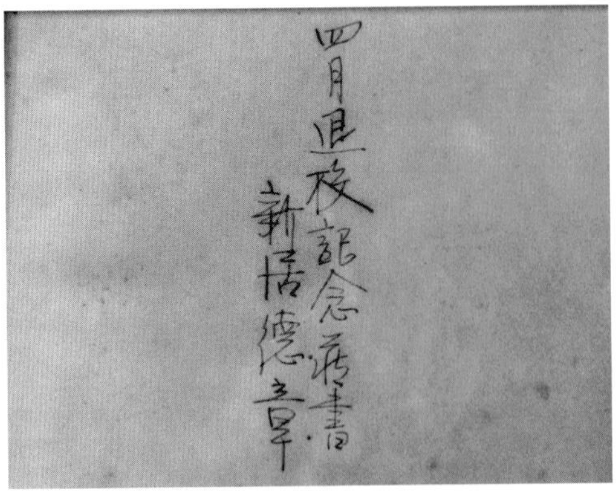

「四月退校紀念藏書」新居德章

曾經想過要去當軍人。

「新居德章」的署名，似乎是湯德章追尋自我認同的開始，那是對父親的追憶？或是在父系優先的社會下尋根的自然反應？抑或期望脫離被殖民的二等國民身分，可以被公平的對待？

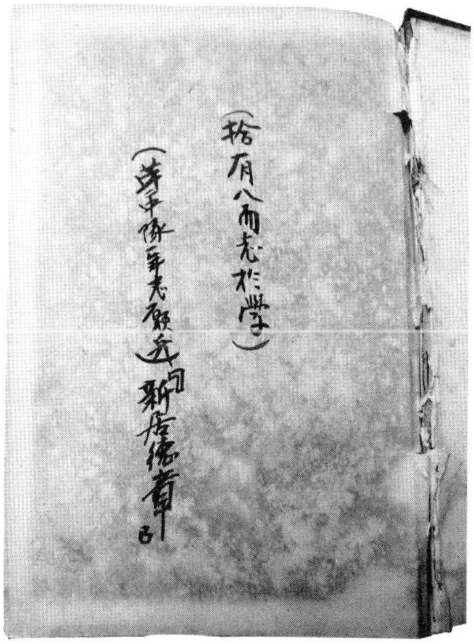

「拾有八而志於學」，新居德章的藏書

爸爸死了，世界也變了

以前不懂，為什麼照相時，他站在攝影師旁邊

慢慢我好像懂了，人生有很多不得已

只是　懂得越多

發現兩個世界差異越來越大

臺灣、日本

我是誰？

2

臺南師範：第一次感受殖民體制的壓迫。

如果你是湯德章，面對難題該如何選擇？

湯德章家族相片，1928

湯德章在臺南師範時期（一九二一～二五），時值一次大戰後美國總統威爾遜提倡民族自決，自由民主的思想吹向世界，加上一九一〇年代中期後，日本國內外政治情勢逐漸趨緩，開始了所謂的大正民主時期。一九一九年，田健治郎被派任為臺灣的首任文官總督，他以同化政策（即「內地延長主義」）為統治方針，將臺灣視為日本內地的延伸。一九二〇年代，這樣的氣氛也傳向臺灣。如臺灣議會設置請願運動、臺灣文化協會、臺灣農民組合、臺灣工友總聯盟等各種政治、社會運動像雨後春筍般湧出。其中，臺灣議會設置請願運動到處辦演講、請願，甚至請謝文達開飛機在東京上空撒下傳單。還有蔣渭水成立的臺灣文化協會，發行《臺灣民報》，成立書局和讀報社，舉辦文化講演。一時之間，臺灣的民主思潮，風起雲湧。

這是第一次來自臺灣民間社會的民主啟蒙，湯德章在一九二〇年代就讀師範學校，正好躬逢其盛，他必定知道或聽聞過這些事情。

臺南師範學校（引自臺史博Opendata）

一九二〇年代的臺灣學潮

在找資料時，我們得知一位在一九二三年被南師退學的蘇新及其相關紀錄。蘇新跟湯德章同樣在一九〇七年出生，比湯德章晚一年進臺南師範學校，卻比他早一年被退學。在蘇新自己的回憶錄上，他說：「……那時臺灣學生和日本學生經常對立，有時甚至打架……，但是日本老師經常包庇日本學生，歧視臺灣學生，常引起臺灣學生的不滿與反抗……，後來一位臺灣學生對老師有不禮貌的行為，被老師毆打，引起全班學生罷課，連我在內，一共被開除十多名同學……」。

我們也查知這樣的罷課，並不只發生在臺南，臺中與臺北也有類似的學運風潮。例如一九二一年在臺北師範學校入學的陳植棋，因為學校要討論去哪裡畢業旅行，日人老師不顧多數臺灣學生的意見，偏袒少數日人學生，最後引發臺灣學生群體抗議、罷課。陳植棋雖然不是當事者，卻選擇在罷課期間帶領學弟們走出

原1896年設立的「臺灣總督府國語學校」。西元1919年改名為臺北師範學校，後演變成為臺北市立大學以及國立臺北教育大學。（引自臺史博Opendata）

師範校園大門，尋求社會大眾聲援，此即史稱一九二四年的「臺北師範事件」。這起事件讓臺北師範學校停課一周，學校直接勒令包括陳植棋在內的三十多名臺灣學生退學。歷經罷課風波後，家中富有的陳植棋決定前往所謂的「內地」東京，在相對於殖民地臺灣，體制更為鬆綁、自由的地方念美術。

退學後的浪流連

但家境貧窮的湯德章就沒那麼幸運了，據說他被退學後，因怕被媽媽罵一度不敢回家，常常在玉井街上的廟前遊蕩、閒晃，也就在那裡他交了幾位好朋友，像是「剃頭仔」、有個唱戲的叫「三八支仔」、老大是「張清標」，還有一個「瘸手貴」，五個人義結金蘭成為結拜兄弟，湯德章排行第二，一夥人常常混在一起，若知道哪裡可以賺錢，就會相約一起去打工。[6]

註6：《楊顯堂回憶錄》，未出版。楊泉醫師的孫子楊顯堂描述的湯德章：「體格魁梧，好打抱不平，看似吊兒郎當，未認真讀書，卻是絕頂聰明，一舉考進臺南師範學校。」

我們前往玉井田野調查與拍攝，傳聞中湯德章遊蕩的廟應該是現在的北極殿，北極殿近期正在整修，建築外露的霓虹燈，已經沒有太多時代感。在玉井北極殿，我們問了許多人是否認識湯德章？得到的答案則是「做土水的？」、「黑糖生意做很大？」……，似乎沒人認識他。

被退學後沒多久，父親新居德藏的生前好友、玉井郵局的筱原八千代局長，介紹湯德章到玉井糖廠打工。糖廠製糖燃燒鍋爐時需要大量的木炭，湯德章被派到臺南南化北寮附近的山上燒木炭，遍布山林的相思木在日治時期曾被大量種植，以作為生產木炭之基本原料。[7]

大約從十七世紀的荷蘭統治時期，臺灣開始以種植甘蔗為原料來生產蔗糖，成為當時主要出口的商品之一，可出口至日本。清治時期，出現許多私人經營的小型的糖

臺南新化大目降新式糖廠（引自《臺灣寫真帖》）

廊，除了滿足島內生活需求，也持續外銷至日本、澳洲與英、美等。

日治時期引進新式製糖方式，大幅提高生產量，製糖業的高利潤吸引各方投入，全臺灣約有三十幾座製糖廠。當資本家與殖民統治者結合為糖業經營者時，他們訂定各種辦法、合約，制約底層的蔗農，讓當時甘蔗價格完全由糖廠片面決定。

此時期的農村流行一句話：「第一憨，種甘蔗予會社磅」，說明了蔗農的無奈。

然而在一九二〇年代的民主氛圍下，情勢短暫的出現轉機。蔗農得到文化協會人士的啟蒙，和在農民組合幹部的鼓動下，終而釀成全島規模式的農民抗爭運動。

燒木炭時期

一九二五年底，在湯德章被退學到山上燒木炭時期，彰化二林曾經爆發蔗農的激烈抗爭，史稱「二林蔗農事件」。之後越來越多的農民

註7：謝碧連，〈二二八事件在臺南市與湯德章律師之遇難〉，p55。

響應、加入，到一九二七年成立「臺灣農民組合」，會員超過二萬人。

湯德章在山上燒木炭做工的空檔，據說有老師傳會教他讀漢書，還有樵夫教他少林拳。根據張清標的兒子張金龍的口述，有一次老五「瘸手貴」被欺負，湯德章跳出來幫兄弟打架，身材健壯又略懂拳術的他，很快占上風，擊退混混，一舉打響湯德章善武的名聲。

湯德章為了念臺南師範，他曾將姓氏改為「林」。在臺南師範時期，我們看到書上首次有「新居藏書」的藏書章與簽名，這似乎說明了當時湯德章的自我認同還處於父系優先的日本人想像。未滿二十歲的湯德章，開始在臺灣、日本之間的認同裡徘徊、拉扯，明明有日本人父

湯德章（前排右二）在農事改良會合影紀念，1928

親的血緣，在社會上的身分卻是被貶低為被殖民統治的臺灣人。

身處在那種階級分明、嚴重差別待遇的生活裡，痛苦、鬱悶、疑惑占領整個思緒，這個認同問題不僅影響就學時期的湯德章，也許終其一生持續糾結他的內心，讓他不斷發問、不斷追尋著自己的位置。

在南臺灣的鄉間、廟街、山林原野裡浪蕩了二年，他竟走上父親的道路，成為警察。

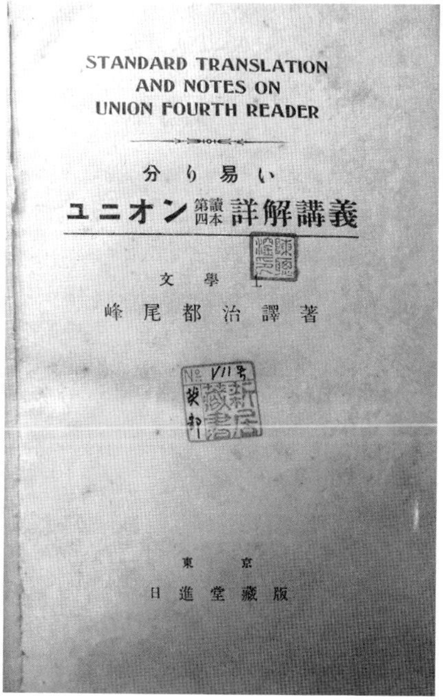

臺南師範時期的藏書

在山上燒木炭維生

在廟街有兄弟作伴

我是誰？

仍在心中，疑惑不斷

嘗試、挑戰

也許身有新居血，應作新居事？

03

走上警察之路——是追尋父親的足跡？還是當時臺灣的警察是個好職業？

湯德章考入臺灣總督府警察官及司獄官甲科練習生，1932

一九二五年，臺北州警察衛生展覽會的宣傳海報，將警察化身為千手觀音菩薩，右手拿刀左手拿佛珠。日治時期常被束縛管理、恩威並施的臺灣人，表面稱呼警察為「大人」，私下大都不滿警察欺壓，鄙稱其為「臭狗仔」或是「四腳仔」[8]。日治時期的警察代表國家公權力，在「警察萬能」情況下，幾乎介入到臺灣社會每個人生活之中，從衛生取締、思想取締、原住民授產、逮捕犯人、救助，甚至身兼起訴、逮捕、裁決、執行刑罰等多重身分的法律執行者。

警察系統從最低階的巡查補、巡查、巡查部長、警部補、警部、一路到警視，臺灣人職位通常是副手，最多當到巡查部長，再上一階的警部補，只有極少數的臺人才能晉升。

湯德章是有意識或是無意間走上父親的警察之路？由於湯德章沒有留下日記、信件，並無從得知。湯德章小時候看著警察父親穿著制服、佩劍，風光的執行勤務，父親過世後，他在臺灣人社會下成長，應該很清楚殖民體制下警察和一般人民生活的關聯。一九二七年，剛滿

臺北州警察衛生展覽會海報（引自《臺北州警察衛生展覽會寫真帖》）

註8：四腳仔：日治時期臺灣人私下對警察的稱呼，影射那些高高在上作威作福的日本人為狗，表達內心強烈的不滿。

二十歲的湯德章看到報紙在招考警察，他和朋友一起去報名應試。

警察之路

昭和二年（一九二七）二月二十七、二十八兩日的新聞上，有臺南州招聘培訓本島人乙種巡查的募集廣告。總共有二五七件受理報名，其中十五件因為申請者年齡不足，退還給申請者。

臺南州有兩個考試場所，臺南公會堂與嘉義郡役所，於三月二十八日上午八點開始進行筆試測驗，三月三十日進行口試。筆試科目有算術、作文、讀書（含聽寫）。

作文題目二選一，分別是「本島青年的覺悟」、「讓內地遊學的朋友知道家鄉的狀況」。

通過第一階段筆試者有六十八名，再進行口試與身體體格檢查。

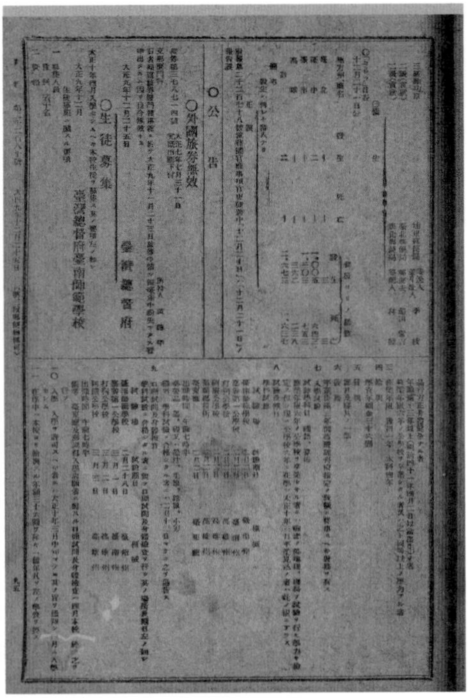
○公　告
○外國旅券無效
○生徒募集
臺灣總督府
臺灣總督府臺南師範學校

臺南州招聘培訓本島人乙種巡查的募集廣告

口試科目分別有：

一、人物試驗（容貌、態度、言語、智能）

二、讀書與發音

三、常識

四、記憶力

經過仔細的身家調查後、排除不適任者，共有四十一人合格，入所訓練期間，以巡查教習生的身分，領取月薪二十五圓。

在《臺灣警察協會雜誌》上，記載著臺南州第五回巡查教習生的募集細節，湯德章是四十一名錄取者之一。巡查教習結束時有四個人又被刷掉，有三十七位教習生完成結業，其中湯德章被評為品行方正、成績優良，並以教習生總代表的身分，致答詞、受獎。一改之前在臺南師範學校被退學時，操行不佳的惡評量。不僅如此，隔年，湯德章再考入臺

湯德章攝於臺南，1930

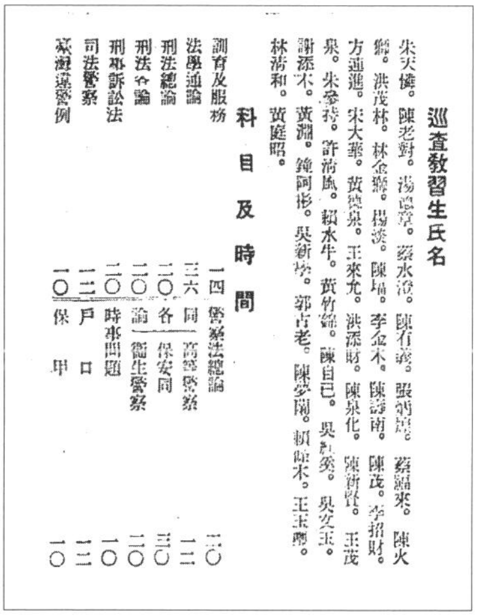

巡查教習生氏名

[illegible]。陳老對。湯德章。蔡水淺。陳有義。張[illegible]。蔡福來。陳火獅。洪茂林。林金獅。楊淡。陳塭。李金木。陳詩南。陳茂。李招財。方通進。宋大華。黃德泉。王來允。洪添財。陳泉化。陳新賢。王茂泉。朱參詩。許清風。賴水牛。黃竹舖。陳自己。吳紅粉。吳文玉。謝添木。黃淵。鍾阿彬。吳新發。郭古老。陳夢蘭。賴郎木。王玉磨。林清和。黃庭昭。

科目及時間

訓育及服務	一四	警察法總論	二〇
法學通論	三六	同 高等警察	一三
刑法總論	二〇	各 保安同	三〇
刑法各論	二〇	論 衛生警察	二〇
刑事訴訟法	二〇	時事問題	一〇
司法警察	一三	戶口	一三
臺灣違警例	一〇	保甲	一〇

湯德章考入臺灣總督府警察官及司獄官甲科練習生（引自《臺灣警察協會雜誌》108期「彙報」篇）

灣總督府警察官及司獄官練習所乙科生，在結業的七十位乙科生中，他和高雄州的中村兼雄、臺北州的平野貞雄是三位結業成績最優者。

一九二七年結束訓練後，湯德章被派至在東石郡派出所擔任巡查，在那裡他認識了未來的妻子陳濫。

與妻的羅曼史

關於湯德章和妻子的資料很少，但冥冥中我們遇到一個意外。那是再次到臺南師範學校（今臺南大學），追蹤湯德章的註冊學籍資料無功而返時，經過操場旁的榕樹下，聽到兩個白髮斑斑的氣質女士唱著日本歌謠，感覺是曾走過日本時代的女性長輩。導演小蓮試著用日語聊天，提起我們正在拍湯德章的紀錄片，其中黃燔桃女士一聽到湯德章的名字眼睛忽然亮起來，竟用日語回答：「啊，湯警部補嗎？我認識他，小時候我住在他們家隔壁，我的母親

湯德章在警察官乙科練習生時期的射擊練習

左前一為六歲的黃燔桃，中間坐者為湯德章母親湯玉，左後方站立為妻子陳濫

和湯警部補的太太很要好，常常一起聊天……」。

實在很巧，原來黃燔桃的父親黃錫勇也是日本時代的警察，曾經是湯德章的部下，住在警察宿舍的兩家，因為是鄰居而有了往來的機緣。照片中的黃燔桃六歲，背景是臺南的大南門城，那時兩家來往密切，常聽到大人說起湯德章的戀愛故事。

黃燔桃女士回憶說：「那時湯警部補還是單身，有一次他到鄉下挨家挨戶的調查戶籍資料，剛進屋時小狗看到陌生人不斷地汪汪叫，此時屋裡走出一女孩安撫小狗，讓湯警部補可以進屋做調查，就在那瞬間兩人對看一眼，就彼此對看了一眼，之後兩人墜入情網，互相肯定是這個人了，於是便結婚。」

這是九十三歲的黃燔桃，小時候聽到湯德章的愛情故事，因為很難忘，一直到現在都還記得。

「你不覺得很浪漫嗎？」黃燔桃笑著說。

陳濫與湯德章結婚後，一起度過調動頻繁的警察生涯，兩人膝下

93歲高齡的黃燔桃

無子，多年後湯德章認養姊姊湯柳的第五個兒子「聰模」為養子，湯德章和姊姊湯柳感情很好，湯柳生了六個兒子、三個女兒，湯德章也都疼愛有加，尤其是大兒子陳聰一和大女兒陳銀，從小就跟著湯德章住在警察宿舍並在臺南念書，聰一甚至跟著湯德章到日本念書，其他老二聰炎、老三聰欽、老四聰深、小女兒壽美，也從小都跟著湯德章，如舅如父。[9]

剛拍攝紀錄片時，透過莉莉水果店老闆，我們和湯聰模先生聯繫上，但他似乎不喜愛談論父親，慢慢的也感受到，他在很久以前便將自己封閉起來，雖態度上很紳士、客氣，卻很不願意分享真正的感受。後來我們嘗試著致電陳銀，也遭她直接回絕。曾經一度我們覺得沮喪，事後想起來，沒經

湯德章與陳濫合照，1929

註9：楊淑芬，《亂世英魂——湯德章紀念公園之前世今生》，莉莉水果文化館發行，p14。

歷過二二八和白色恐怖的我們，其實很難理解二二八受難家屬的痛苦與恐懼。

逮捕罪犯立功

一九二九年的《臺灣日日新報》的一則報導，標題寫著：

> 「警察的配劍，忽然被奪！在民眾協助下，逮捕到搜查中的通緝犯！」

原來剛當上臺南開山町的菜鳥警察湯德章，半夜二點在綠町附近巡邏，看到一詭異男子便上前查問，男子藉故想走，湯德章追上去，男子忽然打他，在慌亂中搶了湯德章的配劍，兩人扭打起來，最後在圍觀民眾幫助

警察官乙科練習生時期的湯德章，在網球運動後的合影，1929

下，湯德章意外逮捕到逃亡七年的通緝犯。

臺南師範時期曾經在書上寫下「新居德章」的署名，湯德章在一九二九年乙科訓練期間，第一次在照片上將姓氏寫上「坂井」二字。我們初步判斷是湯德章在當臺南當巡查或是警察官乙科的訓練時，可能發現了父親的身分，知道父親原來是來自熊本，而且原姓是「坂井」，而非「新居」。

湯德章是如何發現的？別忘了，日治時期警察可是什麼都管，尤其是最基本的戶籍資料。那時最清楚戶籍資料的莫過於警察。湯德章會不會是為了想知道父親的過去，才報考警察？

高階警官之路

在一九三二年日本發行的《警察新聞》中，記載著甲科練習生的課程一開始要做自我介紹，輪到湯德章時，他說

警察官乙科練習生時期的湯德章，1929

道：「雖然我有著本島人的姓，身上流著卻是大和魂的血，其實是內地人」，這句話讓在場的同學感到驚訝……。從湯德章在書籍、照片上，用文字書寫自己姓氏的變化，我們似乎可以窺見他持續對自己身世的追尋不懈，與夾在殖民體制下的認同混淆。

湯德章和大多數的臺灣人一樣，不知道更大的認同風暴還未到來，「我是誰」不僅發生在日本殖民時期，在戰後的國民政府時代又再次經歷。

乙科結業後可當到巡查部長，而甲科則是高階警官的培養，那是通往警部補和警部的必要道路。比較難的是甲科不僅有考試，更重要的是需有長官、上司的推薦。

一九三二年，湯德章被薦舉並考上甲科練習

湯德章攝於臺南，1931年

甲科生湯德章，1932年

生，再次進入警察官及司獄官練習所（現址為臺北龍山國中）受訓一年。這一年的四十位甲科練習生中，只有湯德章和新竹州的徐秀蘭是臺灣籍。

《臺灣警察協會雜誌》上調查、分析了這屆的甲科練習生。以年齡來說：最年長的三十六歲，最年輕的二十五歲，湯德章應該是所有練習生中年紀最小的。

一九三三年三月結束臺北一年的甲科訓練，才回到臺南二天，湯德章便升任巡查部長成為警官。半年後，一九三三年十月湯德章又不可思議地出現在眾多報紙版面，《臺南新報》、《臺灣日日新報》都大篇幅報導湯德章晉升為「警部補」的調動消息。因為他是歷年以來升遷最快，而且是臺南州當時第一位也是唯一臺灣籍的警部補。

就在他成為警部補的同一年，總督府法律做了大幅修改，所謂的「內臺共婚法」，臺日終於可以通婚了。

臺灣總督府警察官及司獄官練習所實務訓練（引自臺史博Opendata

臺灣總督府警察官及司獄官練習所全景。成立於1898年，位於臺北市八甲町，即今龍山國中，為培養警察官與司獄官的機構，受訓時間為一年（引自臺史博Opendata）

親の代の内台共婚が 漸く實を結んだのだ

名實ともに内地人になる手續き 台南州の湯警部補

台南州警察界でたゞ一人の本島人の警部補であり台南署きつての快男子である湯德章警部補が近く新居德章と名實ともに内地人となるべく手續き中である湯警部補の父親は熊本縣宇土郡宇土町坂井又藏氏の四男で新居德藏といひ明治四十年台灣巡査を志願して渡台し台南州玉井庄噍吧哖派出所に巡査として勤務中同部落の湯某の長女湯氏玉さんと結婚し湯德章警部補を生んだのであるが大正四年のタパニー土匪事件の際、南庄派出所で兇暴な土匪軍に襲撃包圍され新居氏ほか十八名の職員はその犠牲となり當時七歳であつた湯警部補は派出所の小使に連れられ土匪の包圍から脱出し今日まで本島人として教育を受け成長したので今度上司その他友人のすゝめにより父親の新居家を再興さすためにその手續きをとることになつたので八日基隆出帆の便船で父親の故郷宇土町に赴いたが出發にあたり湯君は

〝台灣人であらうが内地人であらうが同じ日本國民であるから別に新居姓を名乘らんでもよいのだが父親が坂井家から新居家に養子に行つたので新居家を再興さすことはなき父の恩にもむくいると考へ母親も是非新居家を再興さしてやつて死にたいといつてゐるので私の伯父に當る坂井氏に相談し一應坂井家の養子となりさらに新居家の養子となるように手續きをとることとなつたのです、母親が父と結婚した當時は内台人の共婚なんていふことはごく稀なことで相當母親の親類等は反對をしたのを押しきつて父のもとに嫁したので母親自身も新居姓を名乘るようになつて死にたいと思つてゐるのでせうが現在ではそれが出來ませ

水上裕子女士收藏的湯德章新聞

湯德章紀錄片的拍攝到了東京，採訪坂井家的後代水上裕子女士。她秀出一張照片，是報紙的一篇新聞，由於是剪報，無法得知報導是何時？出自哪份報紙？只見上面寫著：「在上司和其他朋友的推薦下，為了辦理恢復成父親新居的姓氏的手續，八日搭乘基隆的船出發前往父親的故鄉宇土町（熊本縣）。出發的時候，湯君『不管是臺灣人還是內地人，都是日本國民，雖然改為新居的姓也可以，但是因為父親是從坂井家成為新居家的養子，所以考慮到過世父親的心意是不會讓新居家斷後，母親也希望看著我成為新居德章後才死去，所以我和真正的叔父坂井先生商量了一下，先成為坂井家的養子，然後再辦理成為新居家的養子的手續……』」。

在三天兩夜臺日航程的寂寞海上，湯德章應該無比激動吧！他是否想著：「海的那一邊的父親家人們，他們長什麼樣子？會驚訝我的到來嗎？」

湯德章應該沒有找到在熊本宇土的坂井家人，卻計畫了與叔叔又藏在東京的會面。

一九三五年，二十八歲的湯德章第一次到了東京，此時的東京已是一座大城市，有現代化的地鐵設施，市內人口超過六百萬，當時臺灣總人口數約為五百二十萬。在此之前，他可能是透過警察關係對接日本戶政系統，找到父親和叔叔「坂井又藏」的資料。他和叔叔透過信件取得聯繫後，雙方約好在東京車站見面，人來人往的東京車站，因為兩人從未謀面，五十一歲的坂井又藏帶了一個小女兒，在紙上寫了：「歡迎湯德章」。那一年，湯德章成為叔叔的養子，正式在戶籍改姓為：坂井德章。

湯德章為何改姓？推究出的幾種可能性是：

一、湯德章一直有追尋認同的內在動機。在內臺共婚法通過後，於當時父系優先的社會氛圍下，湯德章自然的尋根與正名的行動。

湯德章攝於嘉義，1933

二、湯德章雖然是臺南州第一個臺籍警部補，但之後擔心升不上去警部？

林心的六五回憶錄：「……與他同期同學的日本人已升到課長職，他因本省籍被歧視不能昇，憤慨辭職……」。謝碧連律師的書中提到：「……臺籍不派任可獨當一面之主管，德章頗埋怨」。[10]

三、日治時期，同樣的職缺日本人的薪水較臺灣人多了六〇%？記者楊熾昌曾提到：「聽說是湯德章希望增加收入，便改為日本姓……」。

以上並沒有真正的答案，僅提供讀者尋找線索與路徑的想像。

鹿沼事件

一九三三年十月，湯德章升上臺南州警部補，月薪約五十圓。臺南州是臺灣在日治時期的行政區劃之一，轄域為今臺南市、嘉義市、嘉義縣、雲林縣。

臺南出身的作家葉石濤曾說：「臺南是樹木之都」。一九三三年的臺南州，其自然生態應該非常豐富，那時候流行打獵，甚至還有比賽。根據《臺灣

註10：謝碧連，〈二二八事件在臺南市與湯德章律師之遇難〉，p57。

註11：《臺灣日日新報》，1933年二月23-28日。

日日新報》一九三三年十一月二十一日的報導，臺南的鹿沼正雄在打獵比賽獲得第一名。

湯德章當上警部補後，很快的面臨了人生一個重大選擇——鹿沼事件。

一九三三年十一月二十二日，剛從打獵競賽獲得首獎的臺南市鹿沼醫院的院長鹿沼正雄，駕駛著剛剛買的美製雪弗蘭，開過永福路轉到民生路時，撞傷了路人莊通興。據《臺灣日日新報》報導，一開始鹿沼正雄不顧被害者莊通興肇事逃逸，後來才將莊通興接往鹿沼醫院救治，卻也沒有來慰問被害者，身為博士的鹿沼正雄對此事的態度頗令一般有識之士訝異與反感。隔日，在簡單的治療後，鹿沼正雄給莊通興五圓日幣就叫他回去，這讓莊通興很氣憤，直接跑到警察局告發。處理此事件的剛好是臺南州警察署，任職司法係的警部補湯德章。11

自動車轢逃げ事件と
鹿沼博士の不謹慎
放言、豪語、市民の反感を買ふ
重大なる失言或は問題化

漁船々夫
浪に呑まる

昨日正午溫度

天氣予報

鹿沼事件報導

不公、羞辱和歧視，我遇過
反抗體制的苦果，我嚐過
當公平、真理，遇上階級、現實
到底怎麼做才對？

04

鹿沼事件——當公平正義的天秤，遇上殖民統治者的政商壓力，湯德章的選擇是？

湯德章任警部補時，與家人合影

臺灣作為一個殖民地，自然有許多不公平的事物，在湯德章身上當然也經歷過，如今，差別待遇的事件發生在他執法任內，湯德章如何做出選擇？

要睜一眼閉一眼嗎？過往那些令人氣憤的歧視、委屈，如何吞下去！

要辦嗎？鹿沼正雄不僅是博士、身兼醫院院長，他的父親還是臺南州協議會員鹿沼留吉，面臨政商關係良好的鹿沼家族，阻力可能排山倒海……。若真的不查辦，那在警察訓練所學習的法治、正義、人權與平等的價值，是真實的鐵律嗎？

這些馬上就知道了。如果攤在司法之前，一切將得到檢驗，所有的真相即將大白。

湯德章選擇執法

湯德章很快做出選擇。他召來博士鹿沼正雄，以業務過失、肇事逃逸不顧被害者，而且沒有按照規則向官方報備與態度不良等等，將鹿沼正雄移送法辦。五天後法院的判決下來，鹿沼正雄以業務過失、肇事逃逸等，被判罰金五十圓。

在殖民地時期裡，湯德章面對這樣的政商家族壓力下，公事公辦的態度，我們為他喝采！同時也為他捏一把冷汗。

這件事對湯德章日後的警察生涯是否有影響？我們只知道他用六年的時間，從巡查教習生快速的成為臺南州第一位臺籍警部補，也是日本時代裡極少數的臺人警部補，但在此之後六年的警察職涯裡卻沒再升上去。

這是他最終離開警察生涯的原因之一嗎？

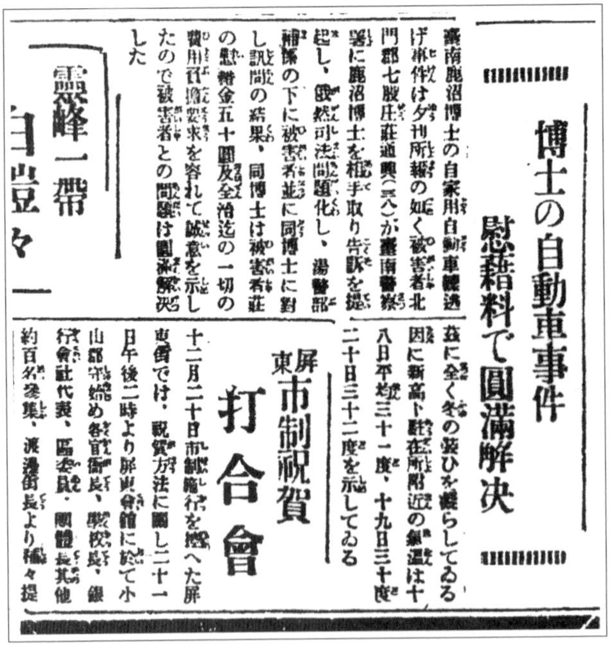

博士の自動車事件

慰藉料で圓滿解決

臺南鹿沼博士の自家用自動車轢逃げ事件は夕刊所報の如く被害者北門郡七股庄莊通興(二八)が臺南警察署に鹿沼博士を相手取り告訴を提起し、俄然司法問題化し、湯警部補係の下に被害者並に同博士に對し訊問の結果、同博士は被害者莊の慰藉金五十圓及全治迄の一切の費用賠償要求を容れて誠意を示したので被害者との問題は圓滿解決した

茲に全く冬の裝ひを凝らしてゐる因に新高下駐在所附近の氣溫は十八日平地三十一度、十九日三十度二十日三十二度を示してゐる

靈峰一帶

屏東 市制祝賀 打合會

十二月二十日市制施行を控へた屏東街では、祝賀方法に關し二十一日午後二時より屏東會館に於て小山郡守始め各官衙長、學校長、銀行會社代表、協議員、團體長其他約百名參集、渡邊街長より種々提

鹿沼正雄判罰50圓的報導

湯德章與湯聰模合影

湯德章（第二排左二）在斗六神社前之戰捷祈福合影

調派廣東

一九三七年虎視眈眈已久的日本，開始對中國下重手，盧溝橋事件引發中日全面開戰。中國很快的敗戰，沿海城市相繼被占領。連戰皆捷的日本，士氣大振。而在海峽對面的臺灣，則是另一種風情——許多人綁頭巾拿國旗（日本國旗），在日本神社前舉辦為日本祈禱戰勝的活動。

一九三八年戰亂的氣氛下，湯德章正式領養聰模成為養子。年底，中國廣東被日軍攻破，此時湯德章接到命令，他將被派至廣東出差，擔任警察指導一職。[12]

「本來我們一家也要跟父親一起去廣東的，但最後父親說那邊太危險、治安不好，常常有很多遊擊隊會趁機作亂，就叫我們不要去了，他要回來……」湯聰模回憶說道。

湯德章到底看到什麼樣的中國？

一九三九年一月中旬湯德章踏上廣東，卻很快在三月底就回到

註12：莊紹銘口述，湯聰模談，《臺南文化》新三十三期，p153。

臺南。我們實在很好奇他在廣東看到什麼？

「戰亂、流血、破敗的廣東樣貌，是湯德章和臺灣人想像中的祖國嗎？」

「真實的中國讓湯德章的想像幻滅？亦或親見殖民者日本在戰爭中的暴行，對人性的絕望？」

當他見識到真實戰爭的殘酷，看到侵略者與被侵略者的模樣，一種復刻版的、不對等的階級關係，應該滿是感觸吧?!

雖然臺灣大體上並沒有戰爭，但八歲時，湯德章就看過殺戮，一個小型戰爭：噍吧哖事件。

在中國廣東，日本先以軍事占領，也逐步的想複製殖民政府，但不同的是，湯德章是以統治者身分，一個日本警察：坂井德章。他看到的這一切雖然殘酷，卻是戰爭的本質，軍國主義者的謊言，與各種面臨生死前人性醜惡的嘴臉。

陳銀說湯德章曾提到廣東經驗：「廣東那邊的人比較沒有道

德……」。說的是中國人抑或日本人呢？也許在戰爭的氛圍下，大家只能爭搶生、死，「道德」二字在生命之前實在無足輕重！

陳銀曾於一九四三年，自願前往廣東當二年的戰地護士。「去當護士是因為愛國，戰爭時每個人都要為國家貢獻自己的心力，而且薪水不錯……」

陳銀回憶在廣東時要躲美軍轟炸、疏開至鄉下，鄉下的人很好給他們東西吃。日本投降戰敗後，她與一批日本護士等船回臺灣等了二個月，那段時間，有人教護士們學北京話、漢字和唱國歌。

從廣東返鄉

一九三九年四月一日從廣東回臺灣的湯德章，仍回臺南州警察署任警部補，據說以臺籍不派任可獨當一面之主管的警界常態，湯德章早已在私下埋怨許久。[13]

可能聽到湯德章的埋怨，或是湯德章已告知長官他要離職，總之很快的湯德章又被調到臺南署兼新豐郡任職警部補。這些舉措卻也留不

「廣東陷落祝捷之夜」於新竹市（引自《時局美談集第二輯》）

住他離職的決心。沒幾天，一九三九年四月十三日，湯德章很快地辭去警察職務。之後他開始準備讀書事宜，心想的是考司法科。未來從事法律工作，這件事應該在湯德章心裡醞釀許久，但離開警察轉換跑道，畢竟不是一件容易的事，尤其是對湯德章而言。

因為此時他已經三十二歲了，而且學歷證明僅有一張小學畢業證書。再來，司法科本來就有一定難度，錄取率相當低。另外，湯德章必須嚴肅考慮經濟狀況，他有家人、小孩，家裡有基本的花費、開銷的壓力，書必然不能慢慢讀，但是要快，僅小學畢業的他就必須把「同等學力考試」和「司法科專門科目」兩個科目一起準備，並通過考試才有可能，但這難度極高，對一般人幾乎是不可能的任務。

新豐郡役所，1938（引自《新豐郡要覽[昭和十一年版]》）

註13：謝碧連，〈二二八事件在臺南市與湯德章律師之遇難〉，p57。

斗六郡司法兼外勤時期的湯德章，1938

臺、日、中習題複雜難解
從臺灣到廣東，初見想像的祖國
戰爭，卻超越想像
從警察到辯護士，迷惑的交叉路
平行也好 ，交錯也罷
都將走向未知……

5

辭去警察高官，走向未知的律師路！這個世界是兩個世界的組合？

湯德章律師

由警察轉司法人員，感覺湯德章正走在一條冒險之路。但仔細想來，在日治時期的臺灣似乎是正常而自然，怎麼說呢？

首先，日治時期警察的養成階段，已建立許多法律知識。例如湯德章在巡查教習期間（警察訓練），便開始接觸刑法、衛生行政法、行政警察法、法學通論。到甲科練習生時，則是念憲法、行政法、刑法、刑事訴訟法、民法、商法、國際法大意等。

日本治理臺灣對警察的規劃幾乎是萬能的，警察是第一線的執法人員，不但有立即判決的權力，甚至還能當場執行處罰，如此一來，法律變成重要的權衡、評判的重要工具，不可不專精，最好還能融會貫通。

日治時期萬能的警察宣傳（引自《臺北州警察衛生展覽會寫真帖》）

湯德章一方面在警察養成時期，已讀了大量法律相關書籍，也同時累積許多法律的實務經驗，如此一來，從警察轉司法，顯得十分合理。

再則，我們發現一個從警察之路轉司法系統的模範樣板，碰巧出現在湯德章眼前。

曾經有位警察：北川，一九二三年在甲科練習所修了後，任職於臺北南警察署，因他對未來有所期待，於是辭去警察工作，負笈東京後四年苦學，終於在一九二七年以優秀成績，通過高等試驗司法科考試。之後北川先在廣島的地方裁判所任職：檢事（檢察官），一九三〇年他轉任到臺灣，任職臺北州地方法院檢察局，到了一九三二年，北川檢察官以警察官及司獄官練習所代課講師身分，教授甲科練習生刑事訴訟法及犯罪搜查法。這一年，湯德章正巧是四十位甲科生之一。

湯德章應該上過北川的課，也會知道他曾從事警務再轉往司法的經歷，法律的種子可能慢慢就在他心裡種下，等待時機到來的一刻發芽。

警察升遷之路有種種牽絆與各式考量，那是在殖民地臺灣無可改變的現狀。但是司法就不同，一切照規矩來，黑白分明、清清楚楚，雖偶有灰色地帶，但至少有法律的量尺。

量尺可以與日俱進、修改調整。唯有在法律面前，合法與違法各自有據，可以公平！這是湯德章的心境嗎？

東京旁聽苦讀

二戰前已擔任《臺南新報》、《臺灣日日新報》、《臺灣新報》記者的楊熾昌曾回憶起湯德章：「我從日據時代和他就很熟，我家裡曾經空出一間空屋讓他住，他當時準備參加日本高等考試，我每天看他一大早起來，梳洗乾淨，穿著整齊出門，晚上很遲歸來，也沒有看他多用功，可是頭腦很好，取得司法和行政兩科及格，真是文武全才。他先在警局擔任刑事案件，因為昇遷不公平，再去日本讀書通過考試，……」。[14]

一切準備就緒，湯德章辭去警察後，先自行苦讀一年，隔年一九

註14：《二二八事件文獻輯錄》，臺灣省文獻委員會編印，p429。

四〇年四月湯德章與家人前往東京，同時讓養子湯聰模轉學至東京的白金小學就讀，湯聰模在小學的名字是「坂井聰模」。別忘了，東京還有一位「父親」等著湯德章，那是身兼養父與叔叔的坂井又藏，他是湯德章赴日本的一個重要支持，早在一九三五年兩人已是名義上的父子關係。

到了東京，湯德章並未依靠叔叔，而是自行租屋於目黑區（叔叔住芝區），後來經坂井又藏介紹住進了藤原銀次郎的住所，月付水電費十五圓。之後又搬遷租房於小田原線的上原站附近。藤原銀次郎在日本內閣工作，有意聘請湯德章為祕書兼侍衛，卻為湯德章拒絕。[15]

湯德章想成為司法人員就要通過高等文官的司法科的考試。這個考試須具備二種資格的其中一種，其一是要大專校畢業，其二是專門入學檢定考試（專檢）與高等文官預備科試驗同時及格。

湯德章僅有小學學歷，依照當時日本學制，如非高等學校畢業，須經專門入學檢定考試及格（簡稱「專檢」），獲得同等學歷後才能進大學。但先念完四年大學再考高文對湯德章太慢了。

註15：謝碧連，〈二二八事件在臺南市與湯德章律師之遇難〉，p58。

他只剩另一條路，就是先取得專檢十二科目中的其中七項科目及格（日語、漢文、地理、歷史、數學、物理、化學。另五科目為：修身、公民、外語、博物、圖畫），再考高等文官預備科試驗（考「論文」和「外語」），若同時都及格，才有資格參加高等文官的考試。[16]

這是湯德章前往高文應試之路的捷徑，雖是捷徑，卻難在於每一關都環環相扣，只要有哪一科目不及格，就得等半年或一年後再考一次。

日治時期絕大多數的臺籍辯護士都留學日本，重視學歷的日本社會，帝國大學學歷在求任官職時有絕對優勢，以法律職務來說，判官（法官）、檢事（檢察官）幾乎都是帝大畢業生，私校出身者多選擇成為辯護士（律師）。留日臺灣人也反映這個趨勢，沒機會進入大學的湯德章，應該就會以辯護士為目標。

臺南知名律師如黃百祿、沈榮、柯南獻分別就讀中央大學法科、日本大學與明治大學法科，這三間大學正好都集中在神田駿河臺一帶，湯德章應該是聽了辯護士前輩與各方的建議，到東京後他便選擇在日本大學、中央大學旁聽，這兩所大學校幾乎是連在一起，只隔一條小街

註16：謝碧連，〈二二八事件在臺南市與湯德章律師之遇難〉，p58-59。

道，而且校風開放，鼓勵旁聽生，加上有名的神田書店街就在一旁，實在很適合自修的湯德章。值得一提的是，當時中央大學有多位法律名師，讓法科考生趨之若鶩，一九三九年時，中央大學考上高文司法科人數已和東京帝大不相上下，到了一九四〇年甚至超越東京帝大，成了日本法科培育搖籃的第一把交椅。

紀錄片拍攝過程中，在東京曾採訪書寫過湯德章的作家門田隆將先生，他領著我們走訪日本大學、中央大學一帶，正巧他也畢業於中央大學法科，對附近很熟。我們沿著神田書店街往駿河臺走，這是一段頗有風味的小緩坡，沿路小商店、書店、咖啡店和異國風味餐飲店林立，大學就藏身在大型建築物中，不是操場、樹林、大草皮之類優緩步調的大學城，倒有種務實的都會性格。經過明治大學時，門田先生提到坂井又藏曾在這此就讀，隔著

日本中央大學紀念講堂（引自昭和 10 年《中央大學五十年史》）

日本中央大學紀念講堂講臺與座席（引自昭和 10 年《中央大學五十年史》）

十幾米馬路的對面就是中央和日本大學，有可能叔父也曾建議湯德章來這裡旁聽課程。

「一九三五年湯德章改姓坂井時，也許就已經和叔叔坂井又藏商量過了，因為坂井又藏應該知道如果未來要考高等文官，有日本名字還是比較有優勢……」門田先生說道。

我們更往上走，坡度逐漸平緩，來到御茶水站附近，門田先生說：「這附近的御茶水女子大學是日本第一所女子大學，二戰時最激烈的期間，學校都停課，學生被動員做軍需品，附近的大學生被打散集中在御茶水這裡，從事軍事補給、工事、操演等各式勞動，其中也不乏臺灣學生，戰爭的肅殺氛圍下也有一些美麗的愛情故事」。

一九三七年中日開戰，戰場不在日本，但戰爭氣氛依舊越來越濃。一九四〇年，日本對中國的戰事從無役不勝，慢慢轉為膠著狀態。日軍雖然占領大片中國國土，卻無力全面進攻中國，戰線於是延長變成一場中日雙方的持久戰。本來東京在一九四〇年要舉辦奧運，因為中日開戰後又爆發第二次世界大戰，戰火遍及歐洲和世界各地，原定的奧運會被迫取消。

一九四〇年四月，湯德章和家人到了東京，地鐵、百貨公司等現代化依舊，但街道上的氣氛已慢慢染上戰爭時的軍國主義色彩，其實湯德章並不陌生，他在廣東時就看過戰爭的真實與殘酷，雖然此時的東京離真正的戰爭還很遠。

專檢過關

一九四〇年十一月，湯德章努力了半年，終於通過專檢考試，他先鬆了一口氣，因為接下來的高文預備科，只考二科：論文、外語，外語可以從英、法、德、中選一，湯德章選中文，他的漢文底子本來就不錯，加上漢文臺語與中國語音，在發音上稍變化即可相通，有應考的便利。[17]

現年九十三歲的孫榮宗在小學畢業後曾前往日本讀書，因為父親孫金寬與湯德章熟識，被父親託付住在湯德章家。孫榮宗回憶起同住在日本的時候，湯德章曾將吃完的柚子皮當菸灰缸，有一天他看到湯德章正練習畫畫，以柚子皮上面滿滿的菸蒂為靜物主題，做素描練習。

高文預備科是在一九四一年的五月，湯德章也順利通過。天氣進入炎熱的夏季，緊接著就是九月的高文考試，高文的必考科目可從憲法、國史、民法、刑法、商法、民事訴訟法與刑事訴訟法中，選二科目應考。另外可自選科目有哲學、商法、民事訴訟法、刑事訴訟法、破產法、國際公法、經濟學、刑事政策等，選一科應考（但其中的商法、民事訴訟法、刑事訴訟法，只限必考科目未選該科者才可以選考）。之後還有口試，是從選擇的三個科目為應答的範圍，若口試未過，可保留筆試成績一年。[18]

註17：謝碧連，〈二二八事件在臺南市與湯德章律師之遇難〉，p59。

註18：門田隆將，《不該被遺忘的正義與勇氣》，玉山社，p161。謝碧連，〈二二八事件在臺南市與湯德章律師之遇難〉，p59。

東京地鐵線之一，從淺草、上野到萬世橋（引自《大東京寫真帖》，昭和10）

小學就被老師誇讚記憶力很好，考試似乎是湯德章的強項，從師範學校、巡查、普通文官、乙科與甲科練習生，面對不同的考試，湯德章似乎都能從容以對。但是擠破頭的高文考試可能就不一樣了，那些競爭對手們都是大學畢業生，當時能夠從大學畢業是從日本社會裡被篩選過不到一％的菁英。

面對這些很會念書的大學畢業日本菁英，湯德章的優勢就是十二年的警察實務經歷。那是他常常遇到的「違警條例」、「犯罪即決」，或是當刑事警察偵辦案件時的深刻體認，面對真實人物與事件，必須立即用適當的法條判斷是否違法，甚至與當事者在有罪無罪中交鋒，這些都是警察經歷裡鍛鍊出來的實務上的法律。比起只能讀書的大學生，當過警察的湯德章對法律的社會面看得更透徹。

司法科合格

炎熱的夏季，沒有冷氣，湯德章脫去上衣仍然苦讀著，他花很多時間在準備考試，有一次他將國際法的書拿給孫榮宗，他就開始背書裡面的法條，讓孫榮宗看他背的對不對。

「少年易老學難成，一寸光陰不可輕。」

孫榮宗記得湯德章會以朱熹的詩詞勉勵他。也常會跟他說：

「Boys，be ambitious！（少年啊！要胸懷大志）」

一九四一年十月三十一日的《臺灣日日新報》刊登一則報導：「本年度高等考試的司法科合格者，於二十八日發表，合格者二九九名，報考者二五〇一名中，臺南州新化郡出身的前臺南州警部補坂井德章氏（三十四歲）金榜題名。坂井氏昭和二年任臺南州巡查，四年普通試驗及格後任巡查部長，甲科通過後昭和八年十月任臺南州警部補，十四年五月退任，十五年四月立志報考高文考試，赴東京苦學力行，貫徹初念一志，擁有強健的記憶力，突破最大的困難的德章，於十五年入學日大法科專門部，同年十一月專檢合格，十六年五月通過高文預備試驗，十六年九月正式考試合格，此次通過最後的口試，終於金榜題名……」。

高文司法科的出路有二條，一種是在法院的判官（法官）、檢事（檢察官）。但是重視學歷的日本社會有個不成文的規定，要在國家司法體系任職，通常只屬於帝大（東大與京大）畢業生才有的特殊優勢與福利。只有小學畢業證書的湯德章，只能選另一條路：辯護士（律師）。

高等文科有三個類別：司法、行政、外交。司法科要實習一年，很多前輩會利用這段時間再考高文的行政科，如果有行政科的資歷，未來能有更多工作上的選擇。湯德章最終也選擇一邊律師實習，一邊準備行政科的考試。

東京生活片斷

在日本念書時，湯德章會帶家人去上野公園、新宿等地遊玩，喜愛拍照的湯德章在東京許多著名地標都留下照片。根據湯聰模回憶，這些照片都出自一個綽號叫「老鼠」的人，他是曾經在噍吧哖事件救出湯德章的工友黃木貴的兒子。「老鼠」在東京學攝影，因父親的關係和湯

湯德章攝於皇居外苑二重橋

湯德章與西鄉隆盛塑像合影

湯德章與家人攝於東京新宿

德章熟識，湯德章在東京念書的照片幾乎都是他拍的。

我們根據湯聰模的描述，到高雄美麗島捷運站附近的成衣市場裡，詢問好幾家老店，還吃了老牌子的愛玉冰，關於是否知道或聽過「老鼠」這個人，答案都是沒有。

就在湯德章考上高文司法科的一個多月後，一九四一年十二月日軍轟炸珍珠港，引發美國對日本宣戰，這一個分水嶺，讓日本從勝戰慢慢走向戰敗。

隔年的四月，東京街頭開始籠罩在美軍的轟炸下，湯德章選擇先送家人回臺灣。另一方面，姊姊湯柳的長男陳聰一，為了來日本念獸醫學校，先住在湯德章家準備考試。

「阿舅讀書時很專心，跟他一起生活壓力很大，擔心自己的成績不好，會被他罵！」。長男聰一曾跟四男聰深說。

在東京的湯德章除了讀書，他跟臺南的友人莊紹銘常有往來，其

湯德章攝於東京，1942

一是莊紹銘太太林金釵燒了一手好菜，臺南的家鄉味常吸引湯德章前往。再則是莊紹銘家較大，可以打麻將不吵到鄰居，這裡經常有麻將友在這邊和湯德章切磋牌技，除了法政大學的莊紹銘外，還有謝國城、游彌堅。[19]

「除了打麻將，他們常常議論政治，那裡空間大，話不會流出去……」。

林雪梅回憶道。她是林金釵的妹妹林金錠在東京洋裁學校的同學，好幾次在莊紹銘家遇到湯德章。那時林雪梅十八歲，她形容湯德章是三十幾歲的歐吉桑。

「我經過客廳，和大家打過招呼便待在房間內，有時會聽到他們大聲議論、批評時政，記得湯德章談到日本在臺灣的殖民方式，實在很過分……」。

林雪梅女士是王育德先生的妻子，一九四七年王育德在二二八事件中，看到擔任檢察官的哥哥王育霖被殺害，只好偷渡到日本。二〇二

註19：謝碧連，〈二二八事件在臺南市與湯德章律師之遇難〉，p59。

二年我們在東京池袋採訪林雪梅女士時，九十六歲的她，依然健談，聊天大都用臺語交談，偶爾用日語。

司法和行政雙科上榜

一九四三年六月，《臺灣日日新報》出現這樣的標題：「坂井氏　榮冠　見事高文合格」。報紙的內文寫道：「貫徹初念專心一志，前往東京苦行力學三年，獲得司法科行政科兩科金榜題名。臺南州新化郡玉井庄出身，原為臺南州警部補的坂井德章，昭和二年成為臺南州巡查、於昭和四年普通文官考試合格成為巡查部長、通過甲科訓練、昭和八年十月成為臺南州警部補。昭和十四年五月辭官退職。以通過高等文官考試為目標、昭和十五年前往東京，入學日本大學法科專門部別科、同年十月通過專門檢定考試。

昭和十六年，五月通過高等文官預備考試、十月通過正式

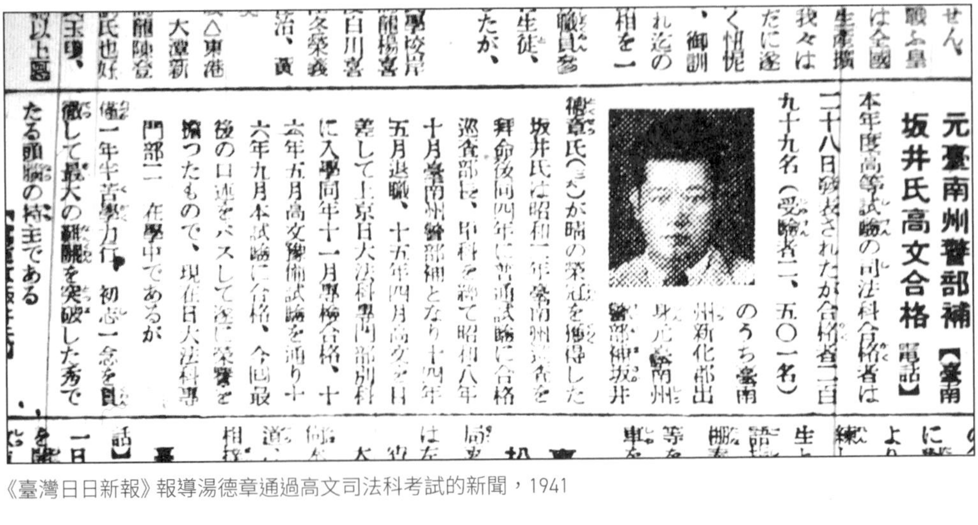

元臺南州警部補
坂井氏高文合格
【臺南電話】本年度高等試驗の司法科合格者は二十八日發表されたが合格者二百九十九名（受驗者二、五〇一名）のうち臺南州新化郡出身元臺南州警部補坂井徳章氏（三□）が晴の榮冠を獲得した　坂井氏は昭和二年臺南州巡査を拜命後同四年に普通試驗に合格巡査部長、甲科を經て昭和八年十月臺南州警部補となり十四年五月退職、十五年四月高文を目差して上京日大法科專門部別科に入學同年十一月專檢合格、十六年五月高文豫備試驗を通り十六年九月本試驗に合格、今回最後の口述をパスして遂に榮冠を擔つたもので、現在日大法科專門部二年在學中であるが一年半苦學力行、初志一念を貫徹して最大の難關を突破した秀でたる頭腦の持主である

《臺灣日日新報》報導湯德章通過高文司法科考試的新聞，1941

考試、通過最後口試，先通過司法科接著再以行政科為目標、勤奮向學、通過於六月二十一日實施的最後口試、以優秀的成績取得行政科合格。漂亮的通過司法行政兩科獲得了光輝的榮冠。坂井氏頭腦聰明，克服了種種環境上的阻礙，貫徹初念意志為了臺南吐出萬丈之氣。」

在臺南念小學的湯聰模被叫到校長室，他不知道自己做了什麼事，忐忑的走進去，只見校長笑嘻嘻的跟他說：「恭喜！你父親同時考上高文的司法科和行政科，真了不起！」湯聰模回憶起這件事，止不住的微笑掛在臉上，浮出以父親為傲的榮耀感。

「不只校長，全校老師都知道我爸爸考上了！」湯聰模笑著說。

一〇四△四月一一四△五月一〇〇△六月一〇〇

なほ州保安課では陸軍海軍共に志願兵として合格せる青年に對しては大體許可條件に合致してゐる限り彼等をしてより眞の皇民としての自覺をもたせ立派に御奉公させる爲に至急改姓名を許可する事になつてをり各部署毎に組織してゐる許可審查委員會も場合によつては開催しなくともよいとの方針をとつており今後はこの當局の溫かい親心に應へて既に志願合格してゐるもの現在志願合格の自信ある者或は今後「つはもの」たらむとせる者等は續々出願すべく更にその家族の國語習得皇民鍊成にも一層の拍車がかけられるものと期待してゐる

は一つ
軍工員日夜精勵

あ教官を感激せしめてゐるが〇年の義務服務期限が過ぎれば歸つて工作兵或は整備兵乃至は機關兵として引き續き習ひおぼえた技術を以て今度は軍人として御奉公する爲志願するのだと張りきつてゐる

坂井氏に榮冠
見事高文合格

【臺南電話】初志一念に燃えて上京最大の難關高文目指して苦闘力行すること三年、司法行政兩科を攻略して榮冠を獲得した人が居る——臺南州新化郡玉井庄出身の元臺南州警部補坂井德章氏(三九)で同氏は昭和二年臺南州巡査を拜命後向學に燃え同四年普通試驗に合格して巡査部長に甲科を經て昭和八年十月臺南州警部補となり十四年五月退官高文を目指して十五年春を負つて上京日大法科專門部に入學同年十月學檢合格、十六年五月高文豫備試驗を通り十六年十月見事本試驗と口述に合格して先づ司法科を攻略引續いて行政科に向つて勉學にいそしみ五月の本試驗をパス去六月二十一日より實施された最後の口述試驗をパスして行政科を優秀なる成績で合格、司法、行政兩科を見事に射止めて輝く榮冠を獲得したが同氏は頭腦明晰であらゆる環境的障碍を克服して初志の一念を貫徹したもので臺南州の爲めに萬丈の氣を吐いてゐる(寫眞は坂井德章氏)

《臺灣日日新報》報導湯德章司法和行政雙科上榜，1943

滋養我的母土和父親的故土

臺灣與日本

一輩子的拉扯，永遠的兩難

6

聽一事件——湯德章選擇回臺灣的關鍵？

一手拿菸的湯律師

一九四三年六月，湯德章在東京完成律師實習。此時他有「坂井又藏」的養子「坂井德章」的身分，加上高文司法與行政二科晉級的資格，與日本家族的人脈，湯德章似乎在日本也會有不錯的出路。可是卻在一個月後，湯德章悄悄收拾行李，返回臺灣。

回臺灣為何是湯德章最終的選擇？有一說是母親湯玉喜食檳榔，但日本沒有南國溫暖的氣候，種不出美味的檳榔，湯德章因為考慮母親的飲食習慣才回臺灣？

也有一說是除了少數帝大畢業的臺灣人，可進入國家體系成為法官與檢察官之外，大多數臺籍的辯護士都回臺灣執業。

以陳逸松律師為例，他與湯德章同年出生，一九三一年於東京帝國大學法學部政治學科畢業，也是高等文官試驗司法科合格。一開始他想留在東京大學執教，直到教授提醒他：「臺灣人不可能在東京大學當教授」，他才死心。因為陳逸松不認同殖民政府，不想在日本的國家體制內工作，便成為一名辯護士。陳逸松在回憶錄中提到：「東大畢業的我月薪是二十圓，事務所和我同期明治大學畢業的日本人月薪八十圓，但遇到重大案件或要寫法理論文還是交給我一個臺灣人去辦……。事務所的老闆松崗先生覺得臺灣人比日本人不方便，原因是有人來要求辦案，他一介紹這位是陳先生，對方一聽就知道你不是日本人，即使你日文講得再好，辦案能力再強，對你總沒有像對日本辯護士那樣安心……」。[20]

回來或留下？返鄉的選擇

關於湯德章回臺灣的原因，陳銀和湯聰模則提到同樣一件事，且都與陳聰一有關。

湯聰模提到：「那時已經是戰爭時期，食物有配給，但年輕的聰一食量大，吃了較多的米飯，被叔父坂井又藏不知是有意還是無意的責備，這件事讓父親湯德章非常的不諒解……。」

陳銀也記得：「那時我有跟坂井又藏家族的後代通信來往，因為之前小學畢業去日本旅行時有碰過面。發生聰一那個事情後，阿舅就叫我不要再和她通信、往來。」

富士丸的三等艙（引自《台湾の旅》）

富士丸的二等艙（引自《台湾の旅》）

註20：陳逸松口述／林忠勝撰述，《陳逸松回憶錄（日據時代篇）》，前衛，p156。

具體事件為何？往事已無法得知卻令人好奇，對湯德章而言，應該是受到無比劇烈的衝擊吧！循著聽模有限的話語，忍不住想像當時的氣氛，是叔父不小心碰到臺日之間的敏感神經嗎？這個衝擊似乎已喚不回湯德章的心，他不只是離開日本，甚至可能就此切斷與叔父的聯繫，因為在此之後我們沒再發現他們之間有任何交集線索。

一九四三年七月底，湯德章搭乘富士丸號回臺灣，乘著風的心情是什麼?!

上一次在戰火紛亂下的廣東，搭船離開時的堅決，和離開基隆港時，到日本苦讀時對未來的忐忑與期待，五味雜陳。而這一次揮別父親的故土，雖已功名在身，但和叔父之間可能是縈繞不去的思緒——不公平、優越、認同混淆、歧視……。沒想到親如家人間的事，也跟殖民有關係。原來這一切

富士丸輪船（引自《台湾の旅》）

都有關係……。

如果沒有戰爭、沒有殖民地，父親就不會來臺灣。不會有湯德章、林德章、新居德章、坂井德章。

一切是巧合？還是注定？

久違故鄉

溫暖的南風是靠近臺灣的前奏，只有想像久違的家鄉才能撫慰紛亂的心。在甲板上湯德章遇見林雪梅。

「我在二等艙，上去甲板透氣，在那裡遇到湯先生好幾次，他是住三等艙，可能艙內空氣不好，常常到甲板來，隨手拿著書看。如果有遇到，我們就會在甲板聊天……」。林雪梅女士翻看那張湯德章送給他的照片，冷靜地說道。

「聊些什麼？都是關於臺灣與日本間不平等的事情，湯

臺灣人辯護士養成之路

在一九二八年臺北帝大文政學部政學科設立之前，臺灣人沒辦法在臺灣本土學習法律，到日本考取高文司法科是唯一途徑。臺北帝大成立後，因臺籍學生錄取政治學科的比率低，以至於法科學生留學日本的風氣並未減弱。那時臺灣社會以攻讀醫學科人數最多，至少有五分之二，其次是法科約占五分之一。最早的臺灣籍辯護士是葉清耀，他在一九一八年十二月通過高等文科試驗司法科，取得辯護士資格，並於一九一九年五月在臺北大稻埕執業。葉清耀曾任臺中地方法院書記、通譯，因感於升遷不易，於一九一四年進入明治大學法科。日治早期，日本高等考試試務所不准臺灣人報考司法科考試，葉清耀甚為不平，於是求見司法大臣，呈上請願書，義正嚴詞地表示考試制度豈能內、臺有別？司法大臣准其所願，葉清耀終為臺灣同胞爭取到司法科高等考試的資格。

先生很氣日本的殖民政策，他的思想是這樣的，如果是在私底下場合……都會說這樣的事情」。

採訪林雪梅女士時，一講到湯德章她便掉淚，為他的早逝不捨。

記得採訪在東京都東池袋寧靜的住宅區內，一間舒適房屋前的門牌和別家不一樣，只有一字「王」，記得採訪時桌上的樸素小花，採訪後我們參觀王育德先生的書房，那裡有一整套《臺灣青年》刊物，會記得林女士的坦率和笑

輪船甲板上一景
（引自《台湾の旅》）

容，那種早期臺灣人特有的親切和熱情。

採訪後的五個多月，林雪梅女士逝世於家中。[21]

一九四一年底珍珠港事件後，爆發太平洋戰爭，當時的臺灣總督長谷川清發表：「當前本島（指臺灣）已由以往的補給基地一躍而成為第一線之防衛、戰鬥基地」。除了將原本以生產農業資源轉向工業化，並定位以臺灣為南進的基地。不僅如此，內臺合一的皇民化運動也越來越激烈，推行國語（日語）運動、改姓氏，毀民間的廟宇、神像以推行神道教等等。

一九四二年中途島戰役後，日本接連戰敗，總督府開始對臺灣進行軍事、社會動員，與物資的配給。

一九四三年開始，日本在臺灣徵調志願兵。同年九月二十五日，在《臺灣日日新報》上有宣傳徵兵的新聞，標題：

註21：林雪梅（1926～2023）採訪。

大東亞戰爭日本的太平洋艦隊（引自《大東亞戰爭史》）

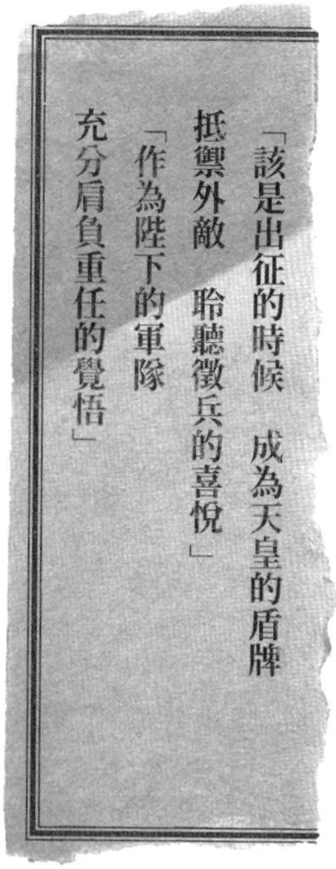
「該是出征的時候　成為天皇的盾牌
抵禦外敵　聆聽徵兵的喜悅」
「作為陛下的軍隊
充分肩負重任的覺悟」

在報紙的宣傳內文中，許多位臺灣人支持為天皇而戰，其中湯德章的部分這麼寫著：

人民負擔國家財政，組建武裝力量，這在任何國家都是一樣的。對於國家的存在來說，這是一件非常容易理解的事情。不幸的是本島的人民儘管要承擔經濟，卻沒有機會當兵。很興奮陸軍和海軍志願軍正進行著，志願軍制度讓本島的孩子們流淌著想成為軍人的心，開啟參軍之路。我很高興看到實行徵兵制的決定，我們為感激天皇而哭泣，為國家而死。為了履行陛下軍隊的重任，我也深信自己能夠在大東亞洲區的決戰擔當這份榮譽。

坂井德章氏（臺南市辯護士）

三天後，一九四三年九月二十八日，湯德章在臺南州登錄律師，事務所在末廣町二丁目一〇三番地，在現今林百貨對面的飯店。小學老師林心的評語：「抑強扶弱」的性格開始展現在他的律師工作上。

記者楊熾昌曾回憶起湯德章：「他辭去警職，以律師為業，專為臺灣人打抱不平，得罪很多日本司法界人士，認為他以律師身分干涉司法審判，實在可惡，我常利用平日跟法院人士應酬喝酒機會，替他排解冤仇，因此倒也相安無事。」[22]

戰火將近

隨著戰事的吃緊，臺灣也漸漸淪為戰場。一九四四年十月美軍由菲律賓海域北上，針對臺灣主要基地：高雄、新竹、臺南的軍港、機場、軍事機構為主，進行大規模空襲。一九四五年二月開始，美軍 B24 飛機除了軍事基地、軍需工業外，也開始進行城市無差別的轟炸。各機關、學校、市場、街道、廟宇、教堂，甚至醫院都遭到轟炸。湯德章將

臺南市末廣町通，又稱臺南銀座（引自《臺南市商工案內》）

末廣町林百貨（引自《林方一君追想錄》）

一家疏開到楠西老家，將必要的家當放上拖板車，緩緩地步行回去。

三月二十五日，臺南市迎來大空襲，市區幾近全毀。

湯聰模曾回憶，那段疏開在楠西的鄉下的日子——有一次看見有人在趕鴨子，鴨子不聽話亂跑，粗魯的農人用竹竿將鴨子打得半死，打到眼睛凸出都快掉出來了，很殘忍，湯德章看到就很生氣的斥責農家……。

「我爸爸就是這種個性的人，簡單的說就是一根腸子通到底，很直的人。」

很直的人、正直的人，在亂世中尤難生存。

逃難、空襲，接連戰敗的日本急需兵員補充，一九四五年一月臺灣總督府開始實施全面徵兵制，臺灣役齡十九歲至四十歲的壯丁均徵召入伍，直接入營為現役兵，大都派在臺灣本島巡守海岸與軍事要地，以抵禦盟軍來襲的登陸作戰。至二戰結束，總計臺灣人當日本兵的人數有八萬多人，而被徵為軍屬（陸海軍之文官及雇員）、軍伕，更多達十二萬多人。

註22：臺灣省文獻委員會「二二八事件文獻輯錄」專案小組，《二二八事件文獻輯錄》，國史館臺灣文獻館，p429。

辦公中的湯德章，1944

從「坂井」改回「湯」

一九四五年一月六日，湯德章三十八歲的生日這天，他與叔父坂井又藏結束收養關係，在戶籍簿上我們看到兩人協議離緣（解除關係），他將原本的姓氏從「坂井」改為「湯」，湯德章是當然的戶長。有趣的是，湯德章的父親欄一直以來都是「父不詳」，這一次父親欄記載的是漢人的姓名「湯新居」。沒錯！湯德章將父親原本姓氏的新居和坂井都拿掉不用，改姓為湯，名字則尊重父親生前的意願——改姓後的新居。「湯新居」，真有創意！

美日的戰事慘烈、趨緊，美國朝日本丟下二顆原子彈，奪走廣島與長崎十至二十多萬人的生命。一九四五年八月十五日，日本宣布投降，臺灣終於脫離日本殖民統治。

湯聰模記得在戰後，日本結束統治而國民政府來臺時，湯德章心中充滿喜悅，他將脫離殖民迎向祖國的心情，用毛筆題詩寫在扇子上。

「那個扇子我親眼看過！」湯聰模說。

一個臺灣兩樣情

一個臺灣兩種心情，在臺的日本人開始打包、準備遣返日本，臺灣人則歡欣鼓舞的迎接國民政府到來，終於不用再是二等公民。在日本統治時期臺人被剝奪政治參與的機會，戰後臺灣人積極的想參與公共事務，湯德章也不例外。除了是成為戰勝國的自信外，另一個原因是臺灣當時的整體識字律高達七〇%，民眾大都能閱讀報紙，自然容易了解國家訊息，進而想參與公共事務。

一九四五年十二月二十六日，國府公布「臺灣省各級民意機關成立方案」，先成立村里民大會，再由村里民大會選出縣市議員，成立縣市參議會，再往上為省級。在村里民大會成立前，先舉行公民宣誓登記，以及公職候選人檢覆。

在一九四六年初，全臺二十歲以上的公民有九一．八%作宣誓登記。公職候選人檢覆經過複審及格者，甲種有一萬零六百六十五人，臺南市共有一九五人，湯德章也是其一。[23]

國民政府在一九四五年十月二十五日來臺，湯德章在十一月一日被任命為臺南南區區長，並在十二月一日上任，上班的地點在臺南的愛國婦人會館。

一九四六年四月，湯德章參加第一屆省議員選舉。當時臺灣應選出省議員三十名，結果有多達一千一百八十名候選者，參選爆炸的結果，臺南市由韓石泉十六票當選，成為代表臺南市的省參議員，湯德章得票八票，為候補第一順位。

在一九五一年第二次的省議員選舉只剩一百四十位候選人，並逐年減少大都維持在一百多人。足見臺灣社會在經歷二二八事件與白色恐怖氣氛下，政治參與的熱情大幅退減。

註23：李筱峰，《戰後初期的民意代表》，自立晚報，P16-17。《臺灣民政》第一輯，台灣省行政長官公署民政處編印，民國35年5月，p139。

「且說中國大陸是一個奇特的國家，和日本頗為不同。在日本，二乘二必定是一個答案：四。但在中國大陸，二成二會變成三，或五，甚至有時變成六或八的時候也有。」[24]

國府來臺後，臺灣人的熱情沒撐多久，才過幾個月就發現事情不對，從已出版的史料，與國民黨的內部檔案裡，顯示這些事實國民政府都知情。

一九四六年一月十六日在一份國民黨中執會祕書處的「臺灣現狀報告書裡」提到：「臺灣對祖國觀感一變再變。……最近熱情轉為冷淡，由熱烈歡迎轉為冷眼旁觀……。」[25]

另外，一九四六年一月二十一日，監察委員楊亮功在密報中提到臺灣民情不穩：「臺省人民對地方政府近有不滿表示，各地發現反對標語，報紙亦不斷了，摘起原因：

一、米糧統治配給致釀成米荒，現已取消配給辦法。

二、貿易統制剝奪民營事業。

三、臺省人民能力較低，被任為政府高級公務員者甚少，其外臺

註24：吳濁流，《無花果》，前衛。

註25：《臺灣二二八事件檔案史料（下卷）》，人間出版，P149-150。

幣每元折合法幣三十元，駐軍及中央駐省機構咸感困難，接收工廠大半限於停頓失業人數增加。影響地方治安……」。[26]

若先離開臺灣視角，試著理解海峽對岸的中國大陸。此時中國才結束八年對日抗戰，人民、土地都還沒喘息，國共內戰又接踵而來，整個中國大陸兵荒馬亂、問題重重，國民政府早已自顧不暇，似乎沒空理一個東南邊陲的小海島。

此外，丘逢甲之子丘念台當時為監察委員，他的觀察很值得參考。二二八事件後他寫給監察院長于右任的電報上這樣說：「院長鈞鑒：臺灣近因緝私致官民衝突傷亡，殊屬憾事。禍機之伏屢經痛陳。蓋現代化之民而施國內落後之政，久離隔之族而接五十年未習之風，自多枘鑿搖惑，敬希速派黨國元老前徑協助安撫，藉達下情，並希寬大處置，藉消萌孽以防挑間。至所切禱。職丘念台。」[27]

翻成白話大意是：「臺灣最近因查緝走私導致官民衝突傷亡，實在遺憾。這災禍發生前我早已講過很多次，主要是政府用國內落後的政策，來治理已現代化的臺灣人民，而且兩邊已經分隔五十年沒有接

註26：同上，P47-48。

註27：《臺灣二二八事件檔案史料（下卷）》，人間出版，p760。

觸，自然格格不入而有嫌隙，易造成動亂……」。

國民政府在政治方面不許組黨，只允許一黨一團（國民黨與三民主義青年團），政府機關的要職臺人參與率低，十八個重要局處長，只有一個臺人，還是「半山」（宋斐如）。經濟方面是許多來臺灣接管工廠的人，不懂工廠的運作卻成為上司，例如接手糖廠卻連甘蔗都沒看過，乾脆把工廠值錢的部分拆開賣，導致工廠停工，工人失業。另外貪污時有所聞，士兵買東西不給錢，軍官不排隊還拿槍威脅平民。[28]

註28：臺灣省文獻委員會「二二八事件文獻輯錄」專案小組，《二二八事件文獻輯錄》，國史館臺灣文獻館。「林奇祿篇」。林衡道先生訪問紀錄，〈二二八事變的回憶〉，《口述歷史2》，中研院近代史所編，p207-236。

日本 VS 中國
光復或再殖民？
可預料的文化差異
沒想到的文明衝突
認同的難題與血淚
給臺灣人的備忘錄

7

才歡喜脫離殖民，走上政治之路，卻發現臺灣與中國的巨大差異。湯德章又一次生活在格格不入的體制中，遇到的難題就像他出生時一樣無解……

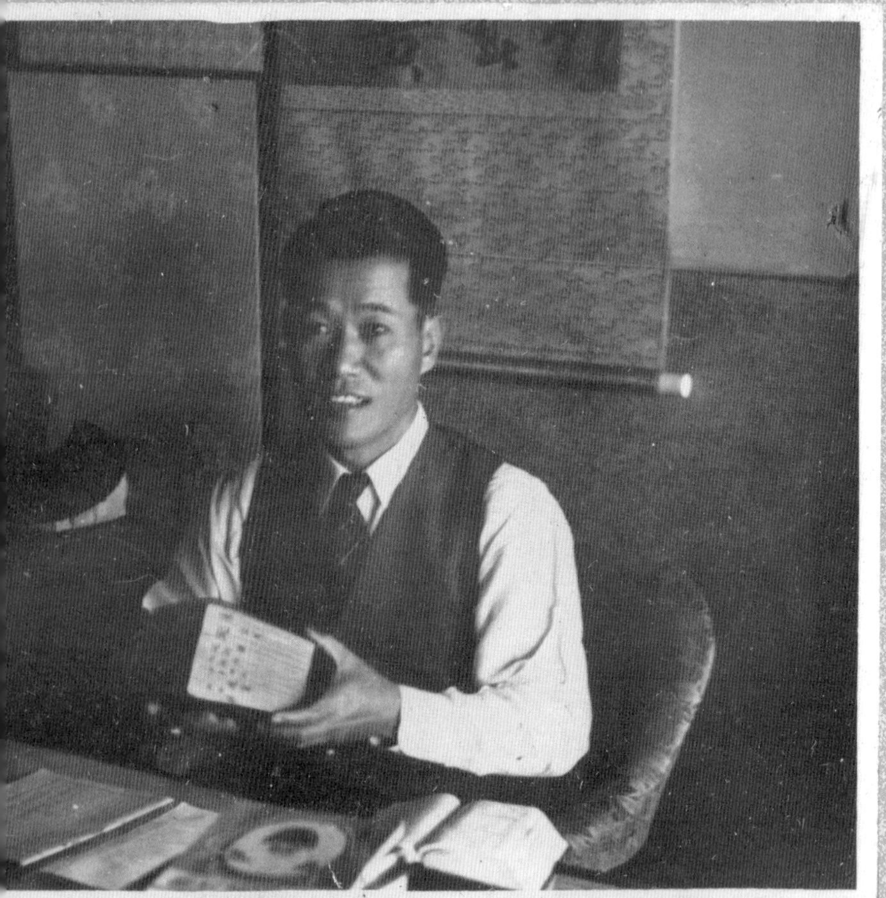

湯德章在律師辦公室，1944

一九四五年十月國民政府來臺，到一九四七年二月二十八日短短十六個月，這中間發生了什麼事？導致社會嚴重變調，終至爆發二戰後最大的流血衝突：二二八事件。

長期以來，「二二八」在臺灣不僅是社會避談的禁忌，刻板化的悲情印記，亦深深烙在臺灣人心中。藉著湯德章的視角，再重溫一次歷史，回望並非為了再次悲情，也不是指責誰的對錯。目的只有一個，透過歷史我們可以學到什麼？讓類似二二八悲劇不要再次發生！

二戰後十六個月裡，做為律師的湯德章在臺灣看到什麼？在這段中日政權交替下的司法轉換過程裡，臺灣已由明治憲法為規範的日治法體制，轉為中華民國訓政時期約法，新的政治體制與新執法者的文化背景與臺灣明顯不同，這個臺灣法律體系的過度時期，勢將面臨某種程度的斷裂。[29]

註29：參見王泰升，《臺灣法律史概論》，元照，p128。

司法體制分裂症

於二戰前在日本東京任判官（法官）的臺灣人張有忠，二戰後國民政府派人來日本遊說他回臺，因考慮到：「在像日本的京都一樣美麗的臺南生活也不錯……」於是在一九四六年五月回到臺南擔任檢察官，他的回憶錄曾提到：「中華民國的法律也是屬於大陸法，法典的大部分是從清末到民國初期，招聘日本的學者、實務家等起草的，關於法律的部分不會覺得不方便、不自由。當時起訴書跟判決是不讀不寫漢文，然而，一位成為推事（法官）的朋友持續用了三年的時間，先用日文寫出判決，然後再自己翻譯成漢文，真是費事的方法。……」

雖然中日法典的差異不大，但彼此從語言與文字、法律見解、生活習慣等都有落差。尤其是接收初期來臺的司法人員數量少，素質參差不齊，法學素養也低落，讓這些苦讀多年的日本高文出身的精英不免感覺失望。

查閱報紙、資料，還可以看到行政長官公署接管初期的臺灣，沒多久便因兩邊習慣與文化的差異，衍伸法律相關的衝突。

移植的臺灣法

在日本治理之前，臺灣本地的法律慣例是屬於傳統中國法規範。日治初期，臺灣人激烈的武裝抗日，使日本政府深切體認到臺灣在政治、文化等各方面與日本內地相差甚大，故應以異於內地的特別方式統治臺灣。從中國傳統慣行法過渡到日本近代法，已吃足苦頭的臺灣人還要面對日本初期的高壓統治，困擾之餘，慢慢發現近代法律也有人性之處。例如：保障私有財產、發展產業也較有保障。

一九二〇年代面對澎湃的民族自決思潮，日本殖民將治理臺灣的方式改為「內地延長主義」。一九二三年是分水嶺，許多日本內地的法律直接在臺灣實施，傳統中國法進一步被逐出國家法之外。近代歐陸法裡的個人主義、自由主義精神也因此，開始植入在臺灣社會裡。[30]

一九四五年十一月十五日《民報》刊載：「臺南法院院長之妻，現為臺南法院檢察處書記官長。該檢察處主任檢察官之妻，則任該法院書記官。臺中法院大部分職員，則為該院院長之親戚而『清一色』，即院長妻舅之子三人、妻舅之女婿一人、再其弟一人、妻舅之外孫一人、及其遠房親戚等二十餘人，在該法院任職，占全法院職員約五十人之過半數。又，花蓮港法院院長之妻，現任該院之錄事，花蓮港監獄長之岳父，任該監獄之教誨師，其妻舅亦任職獄內。現各界人士皆指斥譏笑云。」

另一邊，中國近代法律大體上學習日本，從清朝末期開始延聘日本學者來傳授近代西方法學（歐陸法），並草擬法典，直至一九一二年清朝覆亡為止，然並未實施近代法。後繼的國民政府，延續清朝以歐陸法典的理論，在一九三〇年左右，陸續公布以德國法為典範的一系列法典，即一九四五年以後施行於臺灣的中華民國法典。[31]

中國本來就沒有獨立設置司法機關之傳統，近代法的法律專業人員培育，也非短期內可速成，故僅能提供少數的司法精英，使任職於較高層級的法院，而廣大的中國國土上，地方法院則寥寥可數。民國時代的中國（一九一二至一九四九年）戰亂頻生，中央政府權威低落，故其頒行的新式法典，地方政府落實程度不一，在鄉村地區，尤難推行新法。一九四七年全中國設有第一審法院者凡一千三地方法院可能天高皇帝遠管不到，不過連高等法院也出事見報，就可知當時司法人員上下交相賊的情形。

> 《民報》在一九四六年二月二十一日刊載：「臺灣高等法院首席檢察官蔣慰祖，來臺履職沒多久，濫用職權強押民船，裝載白糖到福建販賣，和商人勾結，圖謀私利。」

因貪污去職的蔣慰祖，在下臺轉任律師後，仍憑藉其人脈在外省籍律師占絕對多數的臺北律師公會當選常務理事，由此可見當時司法風氣之敗壞。

戰前於日本京都擔任檢事（檢查官）、戰後回新竹擔任檢察官的王育霖，在一九四六年八月因偵辦新竹奶粉吞沒案，發現貪污元兇是市長郭紹宗涉案，便持逮捕令前往市府找市長，不料警察局長竟與市長

百五十四縣，地方法院共有七百四十八所。[32]

而且至一九四〇年為止，各高等級地方法院所需經費均由各省省政府負擔，也造成行政機關易於干涉司法審判。

註30：同註29，p124-126。
註31：同註29，p129-130。
註32：司法行政部，《戰時司法紀要》，南京：自刊，37年，p2-10。

同謀，本應依法執行檢察官命令的警察們反而一擁而上，把王檢察官團團圍住，搶走他的卷宗。王育霖只好辭職負責，他向妻子表示對中國式司法的失望：「在日本當檢察官，一切照法條來就可以了，回臺灣當中華民國檢察官，照法條來，卻困難重重，政治干預很多，有很多人來告訴你，做這個，不做那個。」

若大略回顧中國法律的歷史經驗，「二十世紀初，鑑於日本繼受西方法而成功廢除領事裁判權，接續清末腳步，北洋與國民政府亦效法日本積極變法，一九三〇年前後，陸續公布各法典，成為一九四五年後施行於臺灣的中華民國法典。然而因中國的戰亂頻仍，新式法典落實有限，新式法院設施亦始終未能普及，多地方仍維持縣衙行政監理司法的過渡狀態，行政易干涉司法審判，而訓政時期國民黨推動的一黨專制黨化司法，更弱化司法獨立。」[33]

前述從日本回臺南地院任職檢察官的張有忠也回憶：「在臺南當檢察官的四個月後，首席檢察官提醒我：你的案件處理沒錯，但是不起訴件數太多。我驚訝的回答說：有些案件想以公訴罪起訴顯得困難，因

註33：劉恆妏，〈戰後初期臺灣司法接收（1945～1949）：人事、語言與文化的轉換〉，《臺灣史研究》，17卷4期，p35。

為是輕微的事件，根據既定的法規，不起訴也可以的！這樣的時候，首席檢察官會勸告我：不需要拘泥公訴罪起訴，一旦起訴後會有法官的判定，跟檢察官沒有關係。因為有很多不起訴事件，會被誤會成有拿賄賂、或是受人請託，避開這個才是聰明人。

中國和日本的法律基本上是相同的，因為成長的社會環境不同，兩位同樣是法律工作者，卻對事物的想法、事件處理的方式，到人生觀都有很大的不同，這讓我感到很驚訝。……」

「……握有臺灣政治、經濟實權的外省人所生活的中國大陸社會，因為在根據法律維持秩序的方面是比臺灣差的，他們會將法規以外的因素帶入司法的習慣，這讓我在處理事件總是非常頭痛。……例如當時臺南市財政局長，曾跟一名取得代表市府有船舶租任權的臺灣人在締結租賃合約，大約一年左右發現租借人利用那艘船進行走私的行為，警察將右局長視為共犯送來檢察局，這案件由我承辦時，市長馬上登門來訪，要求我一定要拘留右局長，那位同鄉出身的首席檢察官也看在市長的面子，下令我總之先將他拘留。調查到深夜，不僅不能發現直接或間接的事實、證據，而且租賃合約在市組織規定上是財政局長的職務，在這種情況下，除非局長知道承租人是出於走私的目的進行租賃，否則不能讓他承擔共犯的責任，我的主張是不退讓，所以由首席自己在拘留狀上簽字蓋章，將右局長送進拘留所。要考慮法律以外的因素、判斷是否有必要拘留是從日本回來的我不會的事，這件事讓我和上司之間感到尷尬。」

律師資格的轉換：從日本到國府

二戰結束時，臺灣有四十六位辯護士，加上戰後陸續從日本回臺的二十多位，共約有六、七十位辯護士，在國民政府接收初期以「暫准登記」的方式讓其在臺灣執業。而關於日本辯護士的資格如何轉換成中華民國律師的資格，中央政府方面不認為「暫准登記」就是資格轉換。[34]

湯德章一面擔任臺南南區區長，一面持續律師工作，直到一九四六年六月有了新規定，其中一條是：「擔任公職不可再執行律師工

註34：楊鵬，《臺灣司法接收報告書》，p14-15。參見「新歸臺律師，不能在省錄用，將開討論會向中央陳情」，《民報》第一六五號，二版，1946年3月24日。

作」。於是湯德章七月一日便辭去區長工作。

沒多久國府對律師資格又有新規定：臺灣籍律師資格轉換只能用考試決定，而且考試規定只能以中文應試。這規定讓臺籍律師們產生激烈的反應，因為要求這群日本時代辯護士重拾書本，而且政權制度轉換還不到一年，就強制他們用不熟悉的語言、文字，參加一個新政權重新擬定的考試，幾乎是拒絕其繼續執業或是另一種下馬威的警示。

由此，一九四六年九月一日臺籍律師們群集臺北中山堂召開大會，會中律師們一致做成「會員不予應試」的強硬意見書給中央，要求領有日本或臺灣前總督府辯護士證書者，或經高文考試司法科及格，或經日本辯護士及格領有證書者，應該核准免試。

反觀中國大陸的律師資格養成。國民政府在遷臺之前，中央政府考試院並沒有訂定考試規章，也沒有舉行過任何一次專門的律師考試。律師資格認定，除有段時間與司法官考試一併舉行外，幾乎是以「學經歷檢覈」的寬鬆認定取得。[35]

雖然律師公會不斷奔走、陳情，但中央態度強硬，十月三十一日

註35：任拓書，《中華民國律師考試制度》，p57-58。劉恆妏，〈日治與國治政權交替前後臺籍法律人之研究——以取得終戰前之日本法曹資格者為中心〉，《戰鬥的法律人－林山田教授退休祝賀論文集》，元照出版社，p611。

考試院給律師公會的回覆是：「應照考選委員會原決定辦理！」

一九四六年十一月一日的律師國家考試，全臺有六十至七十位臺籍律師，應考者共有二十七人，只有一個人及格，錄取率約三到四%。反觀國民政府長期在中國大陸實施的律師檢覆制度，幾乎是百分之百通過。[36]

國府來臺後首次的律師國考，湯德章應該沒去參加，因為那天他去臺南剛成立的「人民自由保障委員會」的會議，並在會議上當選協會主席。

一九四六年四、五月間，臺灣各縣市的「人民自由保障委員會」紛紛成立，類似於今天的「法律扶助」的民間組織。其實，組織「人民自由保障委員會」並非新鮮事，早在一九三〇年代便在中國大陸各地冒出，當時大都由地區的記者、律師組成。

國府接管臺灣初期，兩邊因巨大的文化與法治差異，衍生許多因認知不同產生的法律問題。一九四六年四月成立的臺北市人民自由保障委員會，因感受到民間社會、法律實務界與執法者，對法學認知不

人民自由保障委員會

國共兩黨在一九四六年二月的政治協商會議後，通過政府應組織「人民自由保障委員會」。這是兩黨政治角力下的產物，國民黨怕民心一再向背，在內部報告中強調應該先發制人，率先成立「人民自由保障委員會」以保障人權，目的是「期待獲得人民之同情，並可預防奸偽份子（指共產黨）之混跡」。在此份報告中並規定「人民自由保障委員會」將由地方參議會、律師公會、人民團體代表會組織而成。[37]

註36：任拓書，《歷年律師檢覆及格人數統計》，p168-170。

註37：談判詭謀（五），蔣中正總統文物，典藏號：002-090300-00023-160。

足，決議民間應該宣傳「提審法」，特別委託戰前首位在日本當過檢察官，戰後回到新竹續任檢察官的王育霖撰寫「提審法」釋義。王育霖寫到一半便因偵辦新竹市長貪瀆案離職求去，之後他到臺北建國中學教書，仍繼續寫，受日式教育的王育霖克服寫作語言的轉換，在一九四七年一月出版這本學術和實用雙兼、華文與日文並具的《提審法解說》。

王育霖在前言中指出：「如這寥寥數頁一小冊，能供各關係機關和一般民眾做些參考，對於人民身體自由的保障有多少貢獻，則是無上的光榮和欣快了」。

守法！遵法！是法治的基礎！
而法治是建設新中國的第一步！[38]

諷刺的是，等不到「提審法」發揮作用，沒多久王育霖也因二二八事件遭非法逮捕，至今下落不明。

註38：王育霖，《提審法解說》，1947年。

湯德章的兩難

戰後的臺灣，黨化的司法體系一直與人民的生活息息相關，直到一九八九年解嚴後才有機會鬆動。一九九三年的「人民團體法」明定政黨不得在大學、法院、軍隊設立黨團組織。二〇一二年「法官法」要求法官不能加入政黨也不能參加政黨活動，臺灣司法才與政黨作正式的切割。

日治臺灣五十年，已逐漸建立起罕有弊端的司法威信，二戰末期青年們還被要求做到「滅私奉公」，公眾事物應優先於個人。然而戰後臺灣政權轉移，從日本走到國民政府，湯德章一方面看到層出不窮的社會亂象，營私舞弊不斷，尤其是行政權打壓、干預司法獨

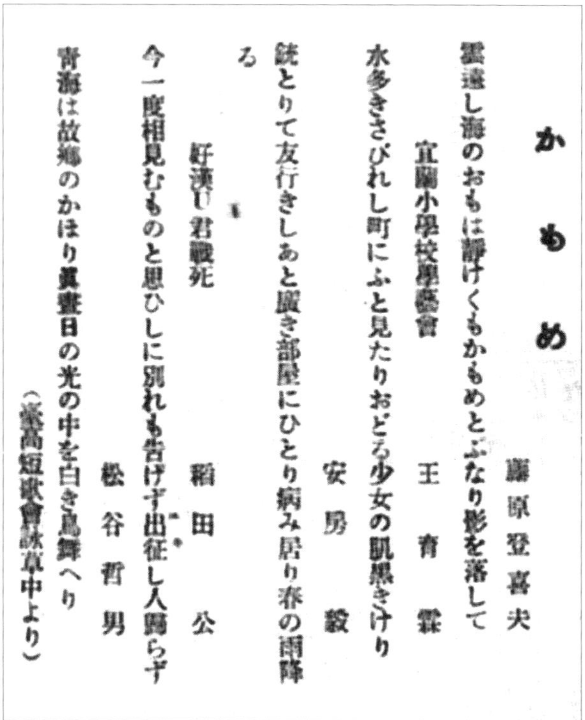
かもめ

藤原登喜夫

雲遠し海のおもは靜けくもかもめとぶなり影を落して

宜蘭小學校學藝會　王育霖

水多きさびれし町にふと見たりおどる少女の肌黒きけり

安房毅

銃とりて友行きしあと廣き部屋にひとり病み居り春の雨降る

好漢U君戰死　稻田公

今一度相見むものと思ひしに別れも告げず出征し人歸らず

松谷哲男

青海は故鄉のかほり眞晝日の光の中を白き鳥舞へり

（臺高短歌會詠草中より）

王育霖曾發表日文短歌在《臺高》刊物（引自《臺高》第九號）

立，讓已成形的臺灣法治社會面臨嚴重考驗。另一方面他雖撼動不了黨國體制，但若有機會成為民意代表或居政府要職，也許可以用法律作為武器，讓起碼的正義得到伸張，讓法治再慢慢走回正軌……。這會是湯德章的想法嗎？

這不僅是湯德章的兩難，也是日本時代的臺灣菁英在戰後國府時代普遍的兩難。

加入體制的選擇

湯聰模在訪問時曾提到湯德章曾參加國民黨?!從史料中我們看到湯德章在一九四六年十月加入國民黨，這時湯德章已離開臺南南區長職位，在隔年一月二十七日的一份「國民政府文官處人事調查表」中，我們推測字跡應該是湯德章親手填寫的資料，在專長和經驗欄是：「警政十二年、律師四年」，而在自述裡寫道：「老母湯玉、妻陳濫、長子湯聰模，家庭共四人，生活普通。本

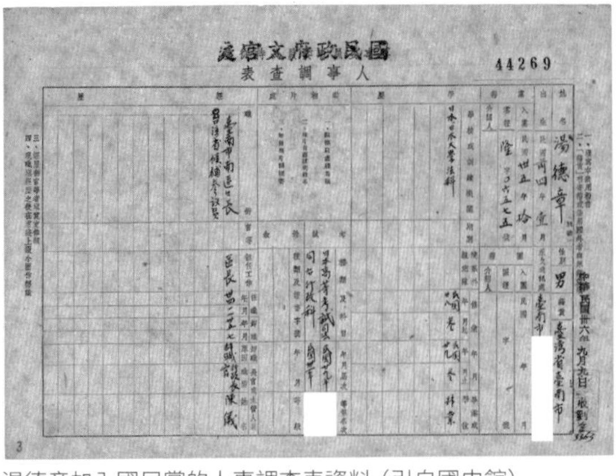
國民政府文官處
人事調查表
44269
湯德章
男

湯德章加入國民黨的人事調查表資料（引自國史館）

人性剛、厭虛偽，最排斥藉公行私逐名利之輩。體格強健，日本柔道三段，無不良嗜好，交遊律師同事之人而已。」

這是湯德章極少數存留的自我介紹，他描述的自己，和小學的導師林心當時的觀察幾乎一致，跟養子湯聰模的形容也一樣：「為人很直，所謂一根腸子通到底。」

湯德章從二戰後到一九四七年一月，已經歷了兩種文化與文明差異的震撼教育，他直率的描述自己，坦露可以在體制裡工作，但我就是這樣的我，請你們要知道！

沒有想與體制針鋒相對，也沒有想以激烈革命手段推翻體制，想的是如何讓體制與法制連結，這就是湯德章！其實也是那時大多數臺灣知識分子的想法，那時關於臺灣獨立建國的聲音很微弱，很少人意識到這個問題。另一方面，臺灣與國府間的落差實在太大，兩方接觸後，該發生的事件、衝突都陸續發生，接踵而來的問題已處理不完，緊接著卻又爆發更大規模衝突的二二八事件。

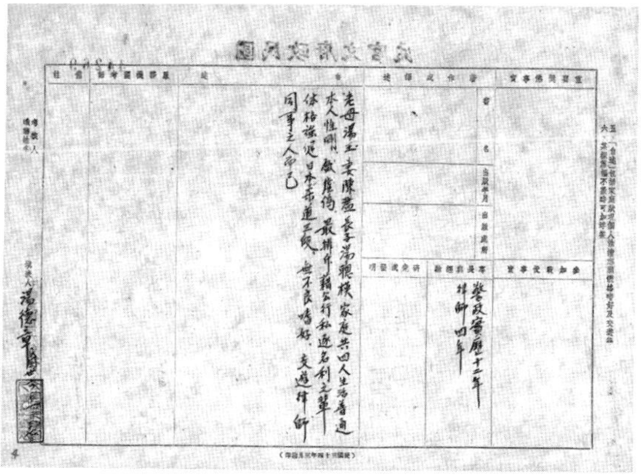
老母湯玉 妻陳濫 長子湯聰模 家庭共四人生活普通
本人性剛、厭虛偽，最排斥藉公行私逐名利之輩
体格強健日本柔道三段，無不良嗜好，交遊律師
同事之人而已

警政官歷十二年
律師四年

湯德章加入國民黨的人事調查表資料（引自國史館）

從湯德章的視角，除了法律之外，與一般民眾日常生活相關的警察，也存有巨大差異。前述講過日本時代警察權力很大，什麼都管，曾在東京求學的鍾逸人（一九二一年出生）便發現日本本地的警察多為親切，而日本來臺灣的警察則囂張跋扈不在少數。二戰結束時，鍾逸人觀察到臺灣黑社會趁著日本投降的治安空窗期，在蠢蠢欲動準備大張旗鼓之時，正逢國府來臺，陳儀用上一招「以黑道治黑道」——當時各地警局高官多來自中國，他們用一些臺灣各地敢衝又兇的惡人為義警（非正式編制警察），讓舊有的黑道勢力紛紛被暗殺，一時風聲鶴唳，整肅社會效率十足。但此舉也埋下日後多起社會衝突的遠因。

例如布袋事件（一九四六年七月）、新營事件（一九四六年九月），皆與第一線的警察有直接關係。一波未平一波又起，一九四六年十月底臺南市人民自由保障委員會才成立，沒幾天便發生了一件警察與司法界的大事——員林血案。

員林事件再次震撼社會

一九四六年十一月《民報》上刊載：

臺中縣政府警察局（員林警局）十一日下午，惹起一驚天動地之集團毀法殺人事件，內容是該局督察，因有犯罪行為，法院令法警正式依法拘捕，誰知該督察竟動員全警員，反將法警等扣留加以毆打，而且開槍擊斃一人另有重傷輕傷者數名，無法無天，情同造反，實為臺灣未曾有之大黑暗事件……

員林事件越燒越大，漸成為全國注目的新聞。十一月二十七日，湯德章即以臺南市人民自由保障委員會主席的身分，寫信給行政長官公署警務處處長胡福相：

員林事件始末

一九四六年五月，鹿港的警員許宗喜夥同流氓出身的義警三人，栽贓勒索不成後毆傷四方醫院院長、同時也是臺中縣參議員施江西。施江西提起自訴、法院發出傳票後許宗喜仍拒不應訊，法院派法警至警局進行拘提，竟遭到涉案警察開槍打傷、關押。臺中法院院長只好派員與縣警察局長溝通，局長居然也不理睬。這件事傳到高等法院，院長楊鵬命令高等法院法官吳鴻麒與檢察官毛錫清等人前往調查。

吳鴻麒在日記中記載著：「由汽車往員林，在警察局會議室訊問當日在場警察。然在場警察多說不知，該局長之無誠意、無智、野人，與未開人無異。……」

「……全員放出，在法律上亦是該當，然該局長不從，真令人髮指……」。

臺中法院法警與臺中警察局員警之不祥事件，誠民主立憲國家之恥，影響本省法治精神鞏固之民心，大恐使六〇〇餘萬同胞之法治觀念，因之亦退化，純非可做普通傷害事件而視者，我國有辛亥革命以來，閱三五星霜國父垂訓是以電逐雷追之法求進步，以臻世界強國之列，況本省光復才經週年，模範省建設洋溢於臺胞之耳，而本省民眾之希望，臺灣能得完成法治者盡人皆是，而來臺服務者之員警，盡經訓練萬中選一，自負為民保母、社會導師。而來臺者定不如日寇之蠻橫，豈意以優越歧視，而以執法者為匪徒，且加以槍傷坐牢、藐視法律，任所欲為，民主主義國家寧容有此敗類混跡期間，於本會鑑斯舉之超出法治範圍，藐法玩法者非嚴懲以儆效尤，杜絕今後，則本省之建設民心不堪設想矣。……

這封信一式三份，除了湯德章外，同樣具有律師身分的臺南市參議會議長黃百祿、臺南律師公會會長沈榮，也以此信發出諍言。

信中用詞強烈，對國府來臺的警察與行政機關不守法紀的陳述，

警察局長江風敢將檢察官命令當作馬耳東風，背後是縣長劉存忠撐腰。縣長劉存忠認為逮捕公務員需經縣長同意，為「我國逮捕公務人員時之習慣」論調，並指責法院違法，聲稱法院為何不先照會該局，直接通知主管長官即可……。這種習慣優於法律，其實是「人治」重於「法治」的文化體現。

員林事件讓經歷過日本統治的臺灣人民極度不安，因為警察膽敢抗拒法院命令，已遠遠超越過往的認知與生活經驗，然而對深諳民國時代中國法治運作經驗的外省籍官員而言，並不覺得事情有多嚴重，甚至覺得法院若照行政機關的「規矩」，應當會相安無事。這種文化、習慣的差異極可能是國府來臺後與臺灣人民種種衝突的主因之一。[39]

語氣有軟有硬，句句直指核心。湯德章留下的文字資料很少，除了員林事件上書外，一九四七年一月八日他也曾就發生在日本的澀谷事件上書給陳儀：

澀谷事件臺胞遭受日警凌辱，死傷多人，舉國同胞莫不共憤，而盟軍軍事法庭不辯是非，竟科我同胞以罪，是可忍也孰不可忍也，蓋日人自投降以來，遂百萬獻媚盟軍進駐，以取其歡心，因此日人倚盟軍之勢，竟敢仇視我臺胞致惹犧牲不祥事件，日乃戰敗之國，開槍殺戮臺胞，而任其逍遙法外，使受冤之戰勝國民反坐以罪，誠全國民之奇恥大辱，本會同仁皆痛心疾首，敬懇鈞座念留日臺胞陷於水火，轉請駐日代表團對盟軍當局抗議，以雪臺胞不白之冤，臨電不勝仰禱，謹電臺南市人民自由保障委員會主席湯德章。

前封信才罵完國民政府，下封信立刻站在國家立場對日本開砲，文字中清楚表露湯德章完全站在臺灣人的立場論事、發言。雖然不久前

註39：吳俊瑩，〈由「員林事件」看戰後初期臺灣法治的崩壞〉。參考「臺灣與海洋亞洲」網路連載：https://tmantu.wordpress.com/

還是日本國民身分的他，為了臺人遭受不平待遇，他氣憤難耐，痛罵日本欺負臺灣人……。但這樣的湯德章，為社會發聲、為人權、自由發聲、為國家、為正義發聲的湯德章，二二八事件後第十三天，卻從此無聲。

臺灣人看到員林血案的特殊性在於這次受害的不是一般民眾、商家，而是他們在日本時代就熟悉的法院和法律。如果連法律都不能制裁暴力、嚴懲惡吏，那手無寸鐵的平凡民眾還有誰能保障他們的安全。

當媒體大幅報導員林事件中執法者不守法，大家更意識到民選首長的重要性，也許只有當人民手中可以握有權力，才可能改變這樣的法治亂象。憲法草案中的地方自治、縣市長民選成為臺灣知識菁英寄託的希望。

行政長官陳儀的態度

一九四六年底，當制憲會議還在南京審議，十一月二十日陳儀在他安排的記者招待會中，有記者問：「……我國社會尚有許多封建作風，故應首先實行民主政治，本省縣市長何時能民選？」

陳儀答道：「……本省人雖然有良好技術及苦幹精神，但許多人尚用日語、日文，為建設中國的臺灣首先要使本省人學習國語、國文，現在要實行縣市長民選，實在危險得很，可能變作臺灣的臺灣……」。

這席話引起許多人的議論，縣市長民選和國語、國文有什麼關係？憲法條文裡不就明定要縣市長民選了嗎？為什麼還會危險？陳儀的說法讓人隱約有種不安。

一九四六年十二月二十五日，憲法制定完成，媒體、國內外輿論都熱烈討論，一致稱好之際。沒多久，一九四七年一月十三日政府公布「臺灣省地方自治三年計畫」，明文規定縣市長在憲法公布後的三年才能開始民選。

這不是政府帶頭公然違憲嗎?!輿論頓時炸鍋，政府竟知法玩法，把腦筋動到憲法上。

政治建設協會在同一天晚上七點，馬上舉辦憲政推行

福建省主席時期的陳儀（引自《臺灣考察報告》，昭和12）

講演會，稻江第一劇場湧入二千多名聽眾。黃朝生講「憲政的功用」。張晴川講「憲政如何實施？」呂伯雄講「憲法中人民的權利與自由」。廖進平講「制必行，行必實」……。

一九四七年一月十五日《民報》刊載：「在閉會前協會提出臨時動議：反對地方自治三年計畫，要求在三十六年內實施縣市長民，以諮詢民眾。結果贊成之呼聲及鼓掌聲四起，滿場一次決議通電全省各地方響應，並向省署建議，情緒極為熱烈，充分表現省民對憲政之極大期待。」[40]

戰後銷量最大的民營報紙《民報》，在一九四六年最後一天的社論，回顧這一年：「……由內地移入各種惡作風，貪污盛行，奢侈日盛，執法者玩法，虛偽欺詐，殺人越貨，凡社會上所有的惡事象，無一不備……再就經濟方面而言，工廠的開辦，生產的增進，事實上與宣傳出入頗多，失業問題尚無解決曙光，物價波動，只聞奔騰不見下跌。光復初時，本省人莫不抱著滿腔熱誠，在歡迎從祖國來臺的同胞，曾幾何時變成如此狀態……」。

註40：《民報》，1947年1月15日，三版。

從員林事件的執法者不守法，再到憲法通過後政府又另訂一套規則，嚴重失信於人民，加上社會的經濟凋敝，失業率和通貨膨脹攀升高點，此時的臺灣社會不滿情緒已達沸點，任何一點點星火都可能引爆巨大的衝突。

二二八事件

臺灣戰後的經濟問題嚴重，高失業率加上長官公署的統制經濟，造成社會底層走私嚴重，許多人以販賣黑市用品維生，政府只得以大量緝私專員查管。一九四七年二月二十七日臺北大稻埕婦女陳林江邁販賣私菸，和緝私專員拉扯間被槍托擊傷，引發路人議論圍觀，緝私專員情急之下開槍示警，誤殺一名圍觀民眾，積累已久的民怨被點燃，成為二二八事件的重要導火線。

隔日，氣憤的民眾群聚上街遊行，前往長官公署抗議，沒想到遭開槍射擊，許多人應聲倒下，造成傷亡。這件事很快傳遍全臺，悶在社會底層不滿的烈火，一下子就被熊熊引燃。

政府對人民開槍，人民只得以憤怒回應，讓戰後臺灣社會逐漸積累的省籍矛盾終於爆發。陳儀只用外省人擔任高級官員，使得外省人與統治者劃上等號，成為民眾洩恨的對象，於是街頭開始有外省人被打。然而陳儀政府面對此一情況卻是宣布戒嚴、並令軍警武裝巡邏市區、且開槍掃射、驅離圍聚的民眾……。二二八事件這場文化與文明的衝突，終於不可避免地到來。

事件越演越烈，二二八事件的火苗很快地傳遍全臺。

據《興臺日報》刊載，民眾集結到臺中縣長劉存忠住處示威抗議，遭屋內的人開槍射擊，造成一死二傷，群情激憤，衝進屋內壓住劉存忠……。《人民導報》也報導，民眾搜查劉存忠住處，發現有百元臺鈔八大箱，群眾認為他是剛卸任的公務人員哪來如此大量的現鈔，可為貪污證據確鑿，當場毆打劉存忠，之後將人及物證一起送交處理委員會，轉由法院羈押辦理。[41]

註41：黃惠君，《光與灰燼：林連宗和他的時代》，臺北市政府文化局，134。

二二八事件在臺南

在臺南，三月一日開始有零星的族群衝突，貼著「南方有志」的卡車上有吶喊的民眾繞街而過，一般民眾非常驚慌，不敢出門。大學生群情激動，但沒有組織起來，也沒有適當管道可申訴，處於無政府狀態。官派的市長卓高萱逃到軍方憲兵處避難。[42]

隔天，情勢加劇。臺南市參議會祕書莊茂林：「三月二日晚間十點市參議會邀請政府要人，卓市長、廖憲兵營長、陳警察局長與多數參議員及地方公正人士在大禮堂開會。黃百祿議長當主席，大家決議成立『臺南市臨時治安協助委員會』。治安組組長有項臺長、廖營長、陳局長、許丙丁與湯德章。討論至晚間十一點半，忽有警員來報說派出所內有惡人在接收武器，陳局長一時焦急離去。」[43]

註42：《臺灣省文獻委員會「二二八事件文獻輯錄」專案小組，《二二八事件文獻輯錄》，國史館臺灣文獻館。「陳祖東篇」。

註43：魏永竹等，《二二八事件文獻補錄》，國史館臺灣文獻館，p331。臺南市參議會祕書莊茂林上訴理由陳述。

事件中的湯德章

當時十三歲的湯聰模回憶：「二二八發生的時候，我爸爸正好得到瘧疾，在家休養，有市參議會的人來叫他去開會，他不得不出去……」。

另據參議員蔡丁讚的回憶：「……同是律師的議長黃百祿，邀請湯德章擔任治安組長維持治安，他正得瘧疾，不願意出來，所以隔天才到參議會。湯德章到議會說：這次的事件實在很難堪，大家一向叫外省人『豬』、『貪官』，但這次事件卻變成臺灣流氓來搶劫外省人、打外省人。所以他痛心不願負責，後來大家半強迫性要他接受，他只好答應下來。隔日，湯德章把臺灣籍刑事叫來參議會問情形，主要是問到底是誰在打外省人，刑事說，都是市內的七迌囝仔（流氓），於是他叫了各地角頭來開會，向他們拜託，說不可以當土匪搶人，請大家幫幫忙，將這件事情平靜下去，後來還叫了便當招待他們，警告說，如果搶打外省人的行為再不停止，晚上開始就要叫刑事去抓人，角頭答應了。從那天晚上以後，再也沒有聽說有哪個外省人被搶，或被打……。」[44]

現年九十八歲的林海泉當時是臺南工學院二年級的學生，根據他的回憶：「二二八之後，早上我們在開自治會，湯德章代表臺南市政府、臺南議會來我們學校交涉，說現在跑得沒半個人了，沒有人管治安，警察大隊有一些槍沒有人看管，叫我們派人去接收那些武器。我是自治會的行動隊長，我說好我去，我帶一隊學生去，那時候才認識湯德章。我們開卡車有四五十人，湯先生帶我們去到圓環消防隊旁邊的警察大隊，那時有一個人在那裡顧槍，有三、四十支槍，是三八步槍，三支槍一組交叉立著，放得好好，槍本身也有彈藥腰帶，另外有兩箱子彈，一箱有一千五百發。叫我保管那些，我就用我的名字寫一張保管書：在此保管步槍幾支，子彈幾發和我的名字，貼著。

剛接收完槍後，有人來向湯先生報告，說臺南火車站會送達一列車的米，有人要去搶，他（湯）才跟我說是不是先去保護那些米入庫。我想這是可以辦得到的事，就帶那些學生背著槍過去。到車站，那些

日治時期臺南高等工業學校（引自《臺南州教育誌》）

註44：中研院近史所編，《口述歷史3：二二八事件專號》，中央研究院，p140-141。

人聽到我們就說：學生出面了，讓他們自己去管。那些米入庫後我們就整隊帶回學校，槍和子彈就放在學校的宿舍，交給一個日本的兵機學校念一半才來我們臺南高工的同學。回到學校後就和湯德章分手了，沒有再看到過他。

沒多久，高雄的自治會通知說：高雄彭孟緝已經派人開始抓高雄中學的學生，臺北、基隆也在抓，自治會聯絡我們叫我們要離開，我就躲回臺北大稻埕家裡，躲了一個月才回學校，回去教務處布告欄寫著『林海泉到校，跟教務主任報到』。教務長用日本話問我感想怎麼樣？我說：『我們的目的是要顧學校的外省老師，市區的事不管，是槍枝沒人看管，不得已才出去。』教務主任在問時，軍法處有派人在旁邊。」[45]

另外，時任官派市長卓高煊曾在其二二八事件報告書裡提到：「三月三日……，截至下午六時止，各派出所及第三監獄槍械悉數被劫，海關倉庫物品亦被劫奪，警察局陳局長被湯德章等率領學生約二百餘人圍困辦公室，電話亦行監視，同時要求發給武器，供給伙食，蠻橫無理，彼等交談概用日語，陳局長知機，托故離開，該批學生及暴徒將警察保安隊武器彈藥悉數劫奪，倉庫所有械彈、被服布匹亦被洗劫（警局槍彈除于三日晨五時運輕重機槍各一挺，步槍二十四枝，子彈一箱送憲兵營保藏外，及國內來臺警察人員二十餘人攜有槍彈，餘均悉數被劫。」[46]

事件現象學

扣除當時不在臺南的親歷者（如楊亮功、何漢文、柯遠芬與彭孟緝），即使試著努力拼湊證據，想理出一條湯德章在二二八事件中的經歷，各方說法仍有許多不一致。

例如當時臺南工學院一年級的學生許朝卿，於口述歷史中提到：「事件爆發後，湯德章到臺南工學院學生大會演講，他要大家不可輕舉妄動，並說為了維持治安，要向憲兵隊交涉，將臺南市的治安交由學生來管理。於是我們一、二年級學生合起來約有二百人，排起隊，整裝正步走，由學生領袖鄧凱雄領隊，前去博愛路與青年路附近的憲兵

註45：林海泉訪問，2023年9月。
註46：《臺灣二二八事件檔案史料（下卷）》，人間出版，p463。

隊交涉。到了憲兵隊，學生代表進去和憲兵隊隊長交涉，並且得到憲兵隊長應允。

之後，湯德章要學生們到臺南市政府警察局樓上集合，分配工作，要大家前往臺南各地派出所執勤。因當時臺南市內各派出所的外省警員大都跑掉了，只剩臺籍警察執勤，學生的任務就是去協助他們，所以凡是臺籍警察多的派出所，學生分配的人數較少，人少的派出所，就多分配幾個學生去協助。……」[47]

二二八臺南日曆

三月三日

臺南市府員工郭江湖回憶：「來市府上班，市府一級主管走光光，本省職員仍守崗位，聽說街上有外省人被打流血。數天後有青年在街上吶喊，準備必要時要與軍隊對抗。當時米價一日三市（漲價波動大），人民無以維生。」[48]

警察局位於昔日臺南州廳之東側，落成於 1931 年底（昭和六年）。現規劃為臺南市美術館一館（引自臺史博Opendata）

註47：張炎憲、胡慧玲、曾秋美，《台灣獨立運動的先聲：臺灣共和國》，吳三連台灣史料基金會，p152-153。

註48：臺灣省文獻委員會「二二八事件文獻輯錄」專案小組，《二二八事件文獻輯錄》，國史館臺灣文獻館，p153。

下午臺南市臨時市參議會通過七項決議：

一、軍憲警不得任意開槍，或有挑撥報復之行動。

二、撤銷專賣局、貿易局。

三、將無能不負責任之公務人員解職。

四、負責辦理本市糧食之供應。

五、縣市長民選即時實施。

六、省各處局處長，重要機關主管人員，需提拔本省人擔任。

七、政府接收的公司、工廠交由本省人辦理。

除了第一項是針對現況，其中六項均是二二八事件前，臺灣人心中積累已久的吶喊。

傍晚，有民眾兩三百人聚集在臺南市參議會樓上禮堂，向參議會鼓譟抗議說：「有二十多個市民，被憲兵隊羈押還未被放出……」。

三月四日

面對這七條決議，官派卓市長顯得錯愕。下午有學生與青年要市府回應七條決議及條件，勢頗兇猛，空氣異常緊張。臺南市府回應了處理二二八事件的四大原則：[49]

一、不擴大

二、不流血

三、不否認現有組織

四、政治問題用政治方式解決

三月五日

中華日報臨時版（半張）：「臺南市方面秩序已恢復，商店已開門。」

臺南成立二二八處理委員會臺南分會。韓石泉為主委，治安組組長是湯德章。

註49：韓石泉，《六十回憶錄》，p78-P81。

註50：中研院近史所編，《口述歷史3：二二八事件專號》，中央研究院，p128。

葉石濤在口述歷史裡提到：「二二八事件後，我曾看見湯德章魁武的身軀站在大卡車上演講。所謂人權，當時臺灣人大半還不知道到底是什麼？……」。[50]

三月六日

下午二時，韓石泉與黃百祿率領中等以上男女無武裝之學生數千人，得到軍方許可，手舉標語：「擁護國民政府」、「確立民主政治」、「改革本省腐敗政治」、「促進地方自治實施」、「建設新臺灣」，高呼口號，由工學院老師維持秩序，整齊遊行臺南市內大路，情緒熱烈。

晚上八點，陳儀的廣播在全臺播放：「親愛的臺灣同胞們，這次二二八事件發生後得到地方諸人士協力來維持秩序，現已安定……。本人現在開誠布公向各位同胞報告二點：

一、即將行政長官公署改為省政府，呈請中央核示。委員及各廳、處長盡量用本省籍……。

二、現任縣市長若有不稱職者，本人即予免職，由參議會召集各界協商，推舉候選人三人，由本人圈定一人擔任。……」

陳儀的廣播讓大家感覺談判有進展，但其實他已祕密在三月二日發出急電向蔣介石請求派兵，三月五日確知軍隊要來臺灣，但他在六日還在談「和平解決」，在廣播中要臺灣民眾相信政府。

三月九日

臺南市議會一致否決現任市長卓高萱的連任，並選出市長候選人黃百祿、侯全成、湯德章等三人。

不料隔日陳儀宣布：全省戒嚴，二二八處理委員會違法，之前所有命令與承諾也隨即撤銷。此時，陳儀已知道蔣介石派來的軍隊來到臺灣。

湯德章被捕

三月十一日

軍隊已進到臺南。早上十點湯德章跟家人說要去市議會開會……。

湯聰模回憶說：「聽我媽說我爸急著出門，還說咻，一下出去，等等，咻，一下就回來了。結果有去無回嘛！」

蔡丁讚（參議員）口述歷史：「三月十一日上午，參議會被包圍，湯德章等被捕，我於午後到參議會也被補……」。

當時任職新生報的記者楊熾昌於口述歷史提到：「……議會要召開小組會議，請我參加，我想既然戒嚴令已頒，處委會是要解散的，何必開小組會議，回家睡覺吧！我正準備回家，走到二樓的青年團總部，突然有六、七個士兵拿槍上樓，叫我們不要動，於是來開小組會議的人全部被押起來……」。[51]

「……大家被搜身，原來他們是要搜刮每個人的錢財，根本不是調查什麼嫌疑人物……」。[52]

三月十一日，湯德章以及黃百祿參議長、蔡丁贊、侯全成等參議員在臺南市參議會被拘捕。湯德章被關在臺南監獄，根據關在湯德章囚房隔壁的楊熾昌口述：「……原先他替當局出面收繳被民眾搶走的槍械彈藥，誰知道當局強迫他要交出這些人的名單，他不但不給，還問：是否再抓人？結果觸怒當局而被捕……」。

「……我（楊）問他有沒有被刑求，湯德章說：在憲兵隊被刑求很

註51：中研院近代史所編，《口述歷史3：二二八事件專號》，p134。
註52：臺灣省文獻委員會，《二二八事件文獻輯錄》，p428。

慘，他們用木片夾我的手指，我的手指腫得不能拿筷子，只能以口就碗吃飯……」。

審判湯德章

當時被拘押的人這麼多，為何僅湯德章一人被羅織莫須有的罪名處死？

楊熾昌口述歷史中曾提到：「我個人覺得湯的死亡，和侯全成有絕大關係。侯是一個奸詐的人，在二二八初起，他利用湯德章的人權保障委員會藍色白字的旗子綁在卡車邊，而他則人站在卡車演講。車的位置在議會前面的十字路，內容極具煽動性，他看見我，就要我明天把字寫大一點（意思是在報上的標題大一點）。我說不能決定，他的言論大半是說今天外省人如何如何，全說是壞話。那知道軍隊來戒嚴後，他的態度卻做了一百八十度的改變，全向軍隊靠攏了。他舉發湯德章是日本人坂井德章……」。[53]

註53：中研院近代史所編，《口述歷史3：二二八事件專號》，p136。

「……還聽說議員侯全成見情勢對二二八處委會，轉趨大不利，傳聞當局要嚴辦參加處委會的地方仕紳，就向綏靖司令部密告湯德章的父親是日本人，他是個問題人物，有圖謀不軌之意圖，於是注定了湯德章被槍斃的命運……」。[54]

根據蔡丁讚的口述歷史：「蔡姓的通譯後來告訴我，湯德章是被審問的第一人，我是第二個……。審判問坂井德章：日本戰敗，中國政府好意遣送你們日本人回臺，你為何不回？湯答以：父早死，從母姓，母親不會講日語，所以他不是日本人。但沒有被審判長接受……」。[55]

關於湯德章的審判，當時任職臺南檢察官的張有忠在其回憶錄寫道：「在我被稱為蕃薯仔檢察官大約兩天後的一個傍晚，臺南市警察局長局長電話聯絡我，尊奉地區戒嚴司令部的命令，將於臺南監獄開設臨時軍事法庭。法院乃由右司令部、憲兵隊、檢察處和警察局各派一員構成，希望張檢察官也在明天上午十點出席，到底開設法庭所據為何？有何目的？我全然不知。然而在戒嚴令下，所有機關不可不服從戒嚴司令官的指揮，所以在被通知的隔日，我前往臺南監獄。法庭的

註54：臺灣省文獻委員會，《二二八事件文獻輯錄》，p429-430。
註55：臺灣省文獻委員會，《二二八事件文獻輯錄》，p424。

首席審判官當然是由戒嚴司令部代表自己擔任，某少校說明本日裁判的目的：此次波及全省的叛亂，乃是日本人和日本人的部下要離間本省人和外省人，而陷臺灣全省於混亂之中，中國人因此不幸的被推落到他們的陰謀裡。

臺南地區治安維持委員會為企圖叛亂之組織，政府絕對不容許這樣的存在。特別是委員兼自警隊隊長的湯德章律師不只是日本人，又糾集復員軍人從事叛亂行為，這件事經軍警調查，已經明確無誤，故報告地區戒嚴司令官，處以死刑。各位若有意見，請多發言。

我只問了臨時軍事法庭審訊前是否調查證據？是否給他本人辯解的機會？

但他們並不回答我的質疑，只說什麼此人特別罪大惡極，必須迅速辦理此案。我想這麼一來事情並沒有得到解決，所以就開口說出自己的意見：治安維持委員會是地方上的有識者，為了自衛的目的，不計報酬組成的團體，不過是在恢復到政府維持治安之前的臨時組織，不僅絕無叛亂企圖，還實質的在協助政府，這是不可不承認的事實。

張有忠書封面

再者日本人對蔣介石總統宣布以德報怨的大慈悲心已經感激涕零，照理說實在沒有理由要攪亂臺灣社會，至於湯律師的父親雖然是日本警官，但他的母親及湯律師本人在戶籍上可都是正宗的臺灣，他身為律師始終為臺灣人的利益，而與日本官憲論戰，是此等了不起的人物。他不忍見治安混亂，為同憂的青年們推舉為隊長，不分晝夜為維持社會秩序而東奔西走的事蹟得到市民一致的認同，應該以正規審判手續詳加調查才說得上公平吧。這樣的陳述之後，在場聆聽的三人皆一言不發，不久首席審判官就宣布休庭，我直覺的感受到為殺雞儆猴拿湯律師當槍靶的既定方針是錯不了的。……回到家，剛剛進玄關，忽然鄰居跑過來面色蒼白的說從車站要進州廳前公園那裡，湯律師已經在五點左右被公開槍決了……」。

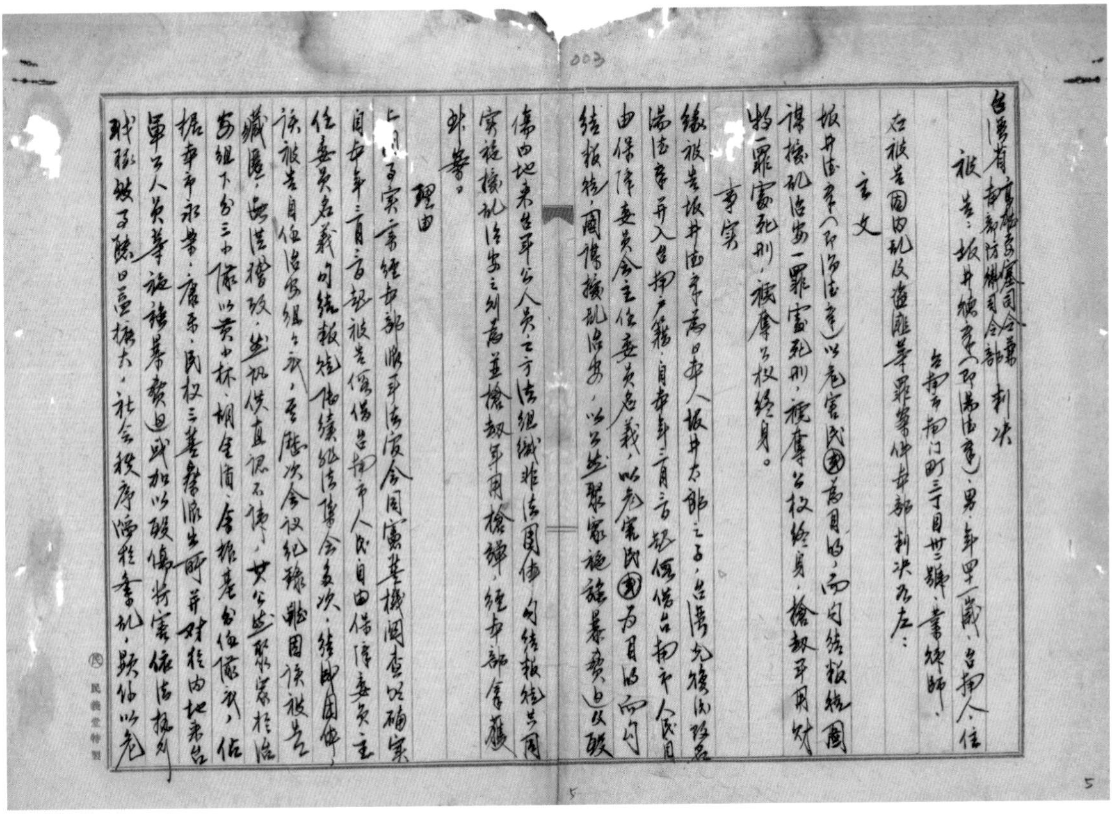
台灣省高雄要塞司令部兼南部防衛司令部 判決
被告：坂井德章（即湯德章），男，年四十一歲，台南人，住台南市錦町三丁目卅號，業律師。
右被告因內亂及盜匪等罪案件本部判決如左：
主文

湯德章判決文（引自國家檔案局）

湯德章判決文

在國家檔案局可以找到的湯德章判決文的手抄本。上面寫著：「高雄要塞司令部兼南部防衛司令部判決。事實：被告坂井德章為日人坂井太郎之子，臺灣光復後改名湯德章再入臺南戶籍，自本年三月三日起假臺南人民自由保障委員會……」。

此份一九四七年四月份的手抄判決文，沒有官方用印、沒有審判日期，也沒有審判者的名字，還在簡單就能查到的戶籍資料上刻意動手腳，以符合湯德章謀亂的角色情境，顯然是先殺人再安其罪名的粗糙手法。

在判決文中所列湯德章的犯罪，謝碧連律師曾在其著作《二二八事件在臺南市與湯德章律師之遇難》中，提到引用法律不當：「援用一九四六年二月十三日已廢止的法律：危害民國治罪條例。」

另外，湯德章被審判的臨時軍事法庭，在當時只適用戒嚴法十四條，其法條規定：「國內遇非常事變，對

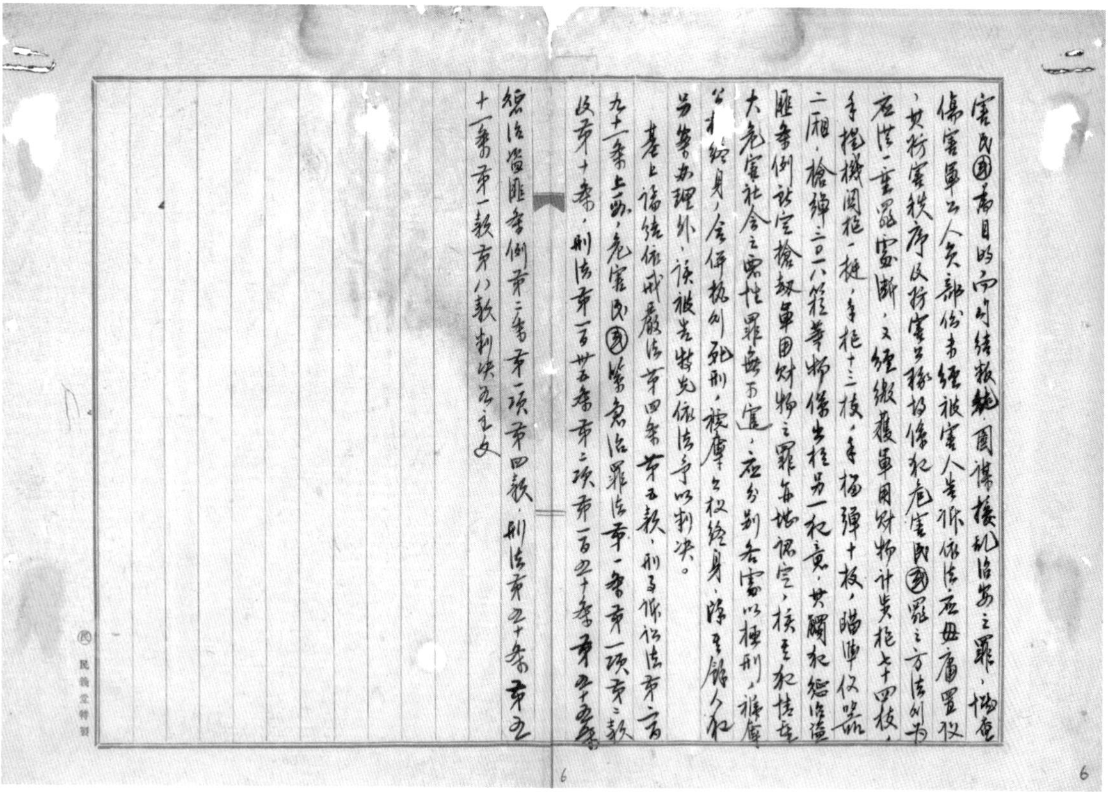

湯德章判決文（引自國家檔案局）

於某一地域應實行戒嚴時，國民政府得不經立法院之議決，宣告戒嚴，但在該戒嚴地域內，不得侵害地方行政機關及司法機關之職權，關於刑事案件，如認為與軍事有關，應實行偵查者，該地軍事機關得會同司法機關辦理之，偵查後仍交由司法機關依法辦理。」[56]

這說明了那一場湯德章審判的臨時軍事法庭，本身就違法！

到底湯德章被判死的原因為何？二二八後國府官員大都避重就輕，稱此事件既非政府也非臺灣人的錯，並將過錯推至三種人身上：共產黨、地方流氓與日本人的遺毒，而這三種人都已掃除殲滅了。湯德章判決中所引用危害民國治罪條例之「私通外國圖謀擾亂治安」，私通哪一國沒有說明，根據楊熾昌、蔡丁讚、張有忠的

註56：《民國法規集成》，第46冊，p41。

臺南地方法院查湯德章3月13日被槍決後，呈文除業並註銷其律師登錄（引自國家檔案局）

綜合說法應指的是日本。然而當時日本被盟軍占領，軍事武裝在解除狀態，大部分日人生活已出現困難，而在臺灣的日僑也幾乎被遣送回日本，湯德章要如何私通呢？很顯然的，湯德章是所謂「日本人及其遺毒」的樣板犧牲者。

國民政府知道二二八的軍法審判有問題嗎？事實上是知道的。根據《二二八事件責任與歸屬》一書提到，當時的參謀總長陳誠，曾在一九四七年六月對三名被軍法審判的三人提出疑議，認為臺灣應該是照戒嚴法第十四條的「戒嚴地區」而非第九條的「接戰地區」。而關於是否交由「司法機關」處理而非「軍事法庭」，隔了半年後國防部長白崇禧才回覆說：「……二二八事件來臺的三月時，警總曾就「人犯暫由軍事審判」請示他，他一再考慮後「准如所請」，現在六月要改由移送司法機關審理，那麼已執行的個案，必將發生重大糾紛，嚴重

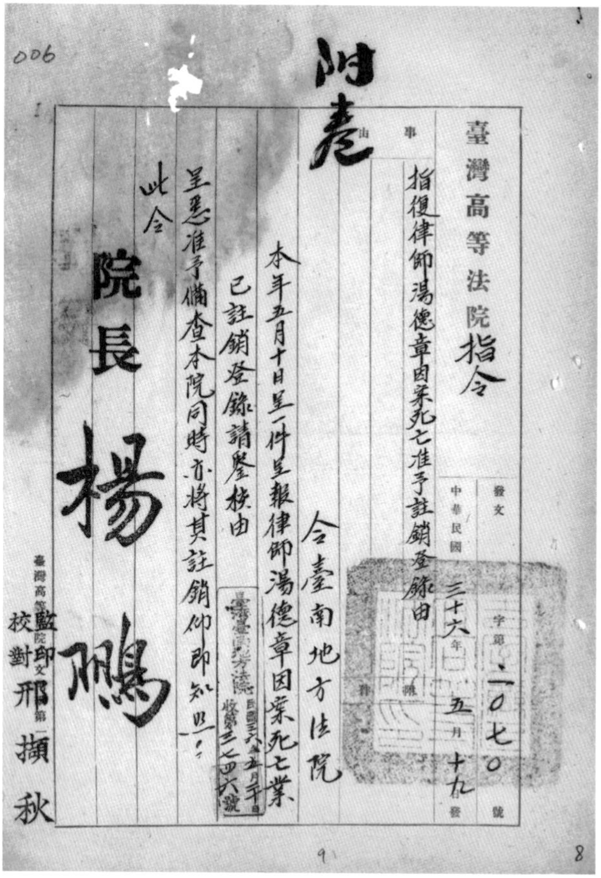

附卷

臺灣高等法院指令

事由：指復律師湯德章因案死亡准予註銷登錄由

發文：中華民國三十六年五月十九發　字第一〇七〇號

令臺南地方法院

本年五月十日呈一件呈報律師湯德章因案死亡業已註銷登錄請鑒核由

呈悉准予備查本院同時亦將其註銷仰即知照！

此令

院長　楊鵬

臺灣高等法院監印　校對　邢擷秋

臺灣高等法院准予註銷湯德章律師登錄之公文（引自國家檔案局）

影響政府威信，建議仍以軍法辦理為宜。」[57]

事件中有的人甚至未經審判就消失無蹤！

二二八事件中，被國民政府公開或私下執行死刑者，主要有三大類：法律人、媒體人與政治人。這三類的臺籍菁英，在二戰後時時刻刻觀察臺灣社會脈動，嚴格監督政府，他們有法有據、為民喉舌，是國府統治時最頭痛的人物。然而，作為律師的湯德章被公開遊街、槍決，其他法律人如：吳鴻麒、林連宗、李瑞漢、李瑞峯、王育霖等，分別被軍方、憲兵及無名人士帶走，他們甚至沒有經過審判手續，即被祕密殺掉，有些人如：林連宗、王育霖等，至今仍找不到屍首。

註57：《二二八事件責任與歸屬研究報告》，財團法人二二八事件紀念基金會，p142-143。

日治時期臺南大正公園（引自《日本地理大系臺灣篇》）

大正公園的槍聲

後來的事許多老一輩臺南人都有記憶，湯德章被綁，身後插著一個牌子，上面似乎寫的是「××坂井德章」之類，以軍用卡車載著在市區內來回多次，遊街示眾，很多人先是被聲音吸引，那是一種吹鼓吹的喇叭聲，聽說令人不寒而慄，淵源於中國式的公開行刑前都會有這種鼓吹聲，但臺灣人沒聽過，於是有些人以為要辦什麼熱鬧，便跟著往人群聚集處走動，慢慢集中到了圓環。

傳言湯德章被槍殺前說了一些話，可能是時間太久，很多人、事都已凋零，根本無法找到現場目擊者。在許多歷史資料中，其中以李谷的說法最清楚、最傳神也似乎最可信。

《南瀛二二八》作者涂叔君曾採訪李谷：「……那年我二十多歲，湯律師當時看起來老款老款四、五十幾歲左右。槍斃當天，現場有足濟足濟(很多)人，咱在那邊心肝也是phit-phook chhain（七上八下）！槍決前，兵阿要用布條遮他的雙眼，他不肯；士兵欲將他綁在樹幹上，他也不要；要他下跪，他亦不跪。於是軍人就用力的踢他、踹他，又用槍托擊打他。……」

二〇二二年夏末，車在臺南佳里的鄉間穿梭，迷路好幾次，產業道路上甘蔗園一片又一片，彷彿知道我們正墜入迷霧般的歷史裡。

為了知道湯德章在臨死前說了什麼，我們來拜訪涂叔君女士，她曾訪問李谷先生。書中描述在戰後湯德章為臺南市南區區長時，李谷曾經與他一起共事過。李谷描述湯德章在圓環被槍殺時，他聽見湯德章說：「我攏免乎恁綁，我的眼睛嘛免乎恁遮著，我大和神（指日本精神）帶足重，我不對，我自己一個人受罪就好！」

隨後用日本語高喊：「Taiwanjin banzai（臺灣人萬歲）」。

涂女士說書中所有訪問都有錄音檔，唯獨李谷先生沒有，因為他似乎不太願意受訪，直到有個機會可以用電話採訪，在電話中李谷先生才說了這些事。

我們詢問涂女士：「事件細節是否曾跟李谷先生確認過？例如他如何會看到那一幕？是剛好經過嗎？看到時在哪個位置？距離湯德章多遠？」

涂女士：「當時沒有問他這些，只急著用手記下他的話，某些原因採訪很快就結束了！」

涂女士終究沒有見到李谷。

告別涂女士，車子開到樹蔭下，面對沙沙聲的甘蔗園，我們討論起湯德章的傳說。

有一說是湯德章面對軍隊衝進來，他一手奮力阻擋軍人於門外，另一手將接收槍枝的保管名冊燒掉，犧牲自己，救了許多人……，這部分在田野調查過程裡，並無發現相關人、事、物的證明，也與湯聰模的說法有出入。另外，關於名冊，楊熾昌在口述歷史中提到：「……原先他（湯德章）替當局出面收藏收繳被民眾搶走的槍械彈藥，誰知道當局強迫他要交出這些人的名單，他不但不給，並稱是否在抓人？觸怒當局而被捕。」[58]

還有許多人引用李谷的說法，稱湯德章被槍殺前曾用臺語說：「我身上日本精神帶足重……」，及用日文說：「臺灣人萬歲！」考慮到圓環旁為車道，離商家、住家有二十公尺左右的距離，真實性值得商榷，但並非不可能，只是尚缺第一手目擊者的現身說法。

湯德章的故事某部分變成傳說，再被截取、應用，到最後似乎有點過度英雄化。這些過於神話的事蹟、傳說好像不難找出其中破綻，為何還一再被誤解與流傳？

「除非誤解是與大眾的偏見相配合，否則即無法傳布，不會有生命。誤解因此是一面鏡子，透過它，集體意識 (the collective consciousness) 映出了自己的影子。」[59]

史學家 Marc Blooch 似乎深知歷史事件與人物的訊息，常在傳遞中逐漸失真，他卻也不苛責這種現象，只是觀察並試圖回歸原貌。沒錯，在知其不可能還原真實後，盡可能呈現事物的本質。

註58：臺灣省文獻委員會「二二八事件文獻輯錄」專案小組，《二二八事件文獻輯錄》，國史館臺灣文獻館，p429。

註59：Marc Bloch，《史家的技藝》，桂冠。

那湯德章呢？照 Marc Blooch 的說法，湯德章的英雄化，也許是反應了臺灣人的苦悶，尤其在臺灣社會歷經二二八事件與白色恐怖後，還迎來三十八年的戒嚴與四十三年的動員戡亂時期，臺灣人實在鬱悶太久，又找不到發洩管道，有苦難言之下只好借助湯德章。加上湯德章的抑強扶弱性格與其執法工作上常有為人權、公平、正義之說；又臺南市僅湯德章一個人罹難，也增加敘述湯德章故事的真實感。另外也可能是經歷日本世代後期的臺灣人，在抒發對國府政治的不滿之餘，兩者相比下，多了一份對日本情懷的投射。

附錄

——關於那些事與那些人——

紀錄片《尋找湯德章》／訪談篇

湯聰模

因拍攝湯德章的紀錄片，我們開始接觸其養子湯聰模。最後一次看到歐吉桑是他與幾個被攝者一同觀看影片的初剪。記得那一天放映完，大家討論的很踴躍，他很安靜沒說什麼，問他：「那這樣子的影片可以嗎？」他說：「可以！」

映後，大家照例到莉莉冰果室續攤，聊片子、吃點心，歐吉桑那時已不太能走，幾乎要靠輪椅……。沒想到，那次是我們最後一次見面，幾個月後傳來他平靜的在二〇二三年三月初的凌晨過世，走的時候沒有驚動任何人，同在房間的外籍看護亦不知情。

二二八受難家屬

回想我們開始的相遇、拍攝，其實有許多波折。那時我還不能理解二二八家屬的心情，低估了二二八歷史傷痛的複雜性。應該說我甚

回到老家外的湯聰模

至不瞭解二二八，那時二二八對我來說比較像個符號，一個苦難、悲傷、會引起族群衝突、口角的刻板標籤。要接受採訪的湯聰模老先生，其實早已練就應付媒體的熟練經驗，他把曾有的創傷、不安和悲痛隱藏起來，轉身變成一個幽默風趣、有紳士風範的老先生。這一套，面對新聞媒體的快節奏，很是管用，但是老先生從沒遇過拍紀錄片的人，他失算了。

一來他沒想到我們會有此耐心跟他耗費以年計算的時間，並持續造訪。二來對於父子間的細節，我們不願閃避，也希望湯老先生能正視他的父親。一個好奇、粗魯的想直接來，另一個接招的又處處想打太極拳，讓剛開始碰面的我們很快就卡關，還好老先生的紳士風範，和小蓮導演的親切溫柔，慢慢讓雙方度過難關，就這樣湯聰模先生陪我們經歷這趟紀錄片旅程。

二二八事件前，湯聰模的父親備受尊崇，他也與有榮焉，小學時期就曾到東京白金小學留學，仿若天之驕子處處受到禮遇。發生二二八事件時，湯聰模十三歲，從父親在議會被抓的那天起，他就活在二二八的陰影之下，隨著臺灣社會的變動，解嚴、結束動員戡亂、總統直選，聽模先生看在眼裡，但內心的恐懼依舊。

湯聰模的女兒湯雅清女士說：「我們只知道祖先跟日本人有關係，就這樣，其他關於湯德章的事我們一概不知道……」。

長孫湯鎮瑋也說：「記得以前家裡每隔一段時間，會有跟二二八相關的信寄來，我去問爸爸，爸爸叫我去問阿公，只要阿公講到二二八、講到湯德章就會眼眶泛紅……」。

直到臺南市長張燦鍙將臺南民生綠園改名為湯德章紀念公園，並為其塑造銅像，才請託四方將湯聰模找出來，接到市長電話的老先生一度猜想：「找我出來有可能是國民黨的詭計……」。慢慢他接觸許多人，有些人讓他感受到溫暖，湯聰模也慢慢發現社會氛圍真的有了變化，二二八禁忌不再那麼肅殺、政府已也不再那麼令人恐懼，甚至連政黨都輪替了。

但這一切真過去了？對湯聰模來說可能沒有。我們問他平常都在做什麼？他說：「就在想事情，想以前的事情……」。

湯聰模與湯雅清

當外在的政治已不是禁忌，他將視角轉回自己身上，想著人生、命運，想如果阿公新居德藏沒有來臺灣會怎麼樣？如果阿公新居德藏沒愛上綁小腳、吃檳榔滿嘴通紅的湯玉，就不會有父親湯德章，就不會有我……。

二〇二二年底紀錄片完成某個階段，邀請湯聰模和被攝者們一起看影片初剪。那一天，許多人給了影片很多想法，諸如湯德章沒有想像那麼英雄，蔡老師會不會不太正經或篇幅太多等等。相較之下，歐吉桑顯得有些安靜，沒有任何意見，只是聽著。道別時，我扶歐吉桑上輪椅、幫他綁鞋帶……，那是我們最後一次見面。

回想那時我漸漸能了解他的辛苦：湯聰模先生作為湯德章的兒子、二二八罹難者的家屬，這麼長的時間所背負和承擔的榮耀與苦難。試著想像湯聰模先生，一方面他內心的恐懼、創傷還未消除，一方面又要站出來回應社會大眾對湯德章的關愛，他可能擔心太積極會影響後代的心態，容易變成對政府懷有恨意，甚至行動？所以他必須思考清楚很多事以維持平衡，而且不能出錯，他知道出錯是什麼代價，那是家破人亡的恐懼，一生都得賠葬。

拿捏之間真是進退兩難！於是當聊到嚴肅、關鍵的問題，他能閃就閃，甚至只是問他：「湯德章對您而言是一位什麼樣的父親？」這樣簡單的問題，他可以繞半小時不正面回答。到後來我們發現他用日語溝通就比較安心，才發現語言已經本能區隔了湯聰模關於安全與危險的界線，他甚至清楚自己的這個弱點，會告誡自己用日語雖然安心，但容易說溜了嘴，會說不出該說的話，反而要更小心……。

湯雅清女士在父親過世後，曾跟我說：父親湯聰模在看過初剪後的那一陣子，似乎變得不愛講話，有些落寞。我問雅清姐知道原因嗎？雅清姐可能是怕話題太嚴肅，友善的將話題帶開。記得看完初剪也問了雅清姐，覺得影片的感覺如何？她說：「很明亮！跟原本想像會是悲痛、低沉，結果完全不一樣……」。其實，我好像知道湯聰模的心情，是他那麼努力的想變成一個幽默風趣、明亮的人，但在影片裡還是被看穿了，那些很不想被知道的二二八的傷痕，透過時間與攝影機，被留下來了。我自己也很矛盾，先撇開影片，一方面捨不得他曝露心事，一方面又覺得唯有如此，不理解二二八的臺灣人才有機會知道那個傷痛的影響。

拍攝本片之初，我就不只是想呈現湯德章的故事，那樣的訊息太單一，看書或文字資料就夠了。我喜歡影片多一點人、多一點角度來看湯德章，一方面藉湯德章來回顧臺灣近代史，一方面尋找者將呈現此刻的尋找方式與其思考，這些不僅映射了歷史本身，兩者更彼此來回激盪。

因為從遠一點的角度來看，每一刻都是歷史！歷史就是我們自己！

冰店老闆李文雄

臺南的冰店老闆李文雄，常聽到計程車司機跟他抱怨：「誰是湯德章啦?!」

「每次載人客到圓環，他們若在問，我都答不出來……」。

本來就對臺南文史有興趣的李文雄，決定好好研究湯德章。

「那個圓環是臺南市的中心點，我常常都在那邊繞啊！」

「這是咱們的厝邊隔壁，自己的所在啊！我怎麼可以不去了解。」

政治上，時值臺灣剛經歷完第一次總統直選不久，也迎來中國的恐嚇與臺海的飛彈危機後，緊接著是臺灣第一次政黨輪替，由非國民黨的陳水扁當選總統。政治氛圍變化快速，對二二八、白恐的懼怕、噤聲，與視而不見的社會開始有轉動，被埋沒五、六十年的湯德章故事，也慢慢得以見光。

「一九九八年圓環改成湯德章紀念公園，這裡有他的銅像、紀念日，還有名人故居。歷史上同時有這樣殊榮的還有誰？結果咧，在臺南說到湯德章，差不多百分之九十五的臺南人不知道他是誰？」

湯德章早期的資料很少，日本殖民時期的資料大都是看不懂的日文。李文雄在圖書館找到一本有關湯德章的小書，是謝碧連律師在一九九八年的著作《二二八事件在臺南市與湯德章律師之遇難》，簡述湯德章的生平，與他在二二八遇難時臺南市的「驚爆十三日」及其不合理的

冰店老闆李文雄

李文雄在紀念公園

審判。

李文雄發現湯德章在戰後的住所已易主，他試著打探家人的消息，聽說湯德章有一個兒子湯聰模，然而卻像失蹤一般。李文雄努力了七、八年都找不到，有一天一位計程車司機來冰店找李文雄說：「你猜我車上載著誰？」那是兩人第一次見面，之後李文雄和湯聰模才開始慢慢熟識。

二〇一二年，湯德章故居因為道路拓寬工程，面臨將被拆除的命運，李文雄和臺南文史協會想盡辦法搶救，獲得奇美基金會和市長支持，故居得以保留、完成修繕，並登錄為名人故居。二〇一五年湯德章故居開幕揭牌前夕，李文雄得知湯聰模不想參加，聯繫計程車司機半哄半騙，載他來參加故居的掛牌儀式，那一次湯聰模到了，而湯聰模的親兄弟陳聰深心裡卻仍有陰影，他戴帽子與口罩，委身在人群後面遠遠的看著。

隨著臺灣解嚴、民主化與政黨輪替後，湯聰模與其後代的參與越來越多，李文雄感到安慰。

二〇二〇年，故居被屋主賣出，面臨將被拆除改建之際，李文雄再次與臺南文史工作者們發起網路募資，短短一個月募得二千萬餘元，有八千多人次參與募資。

李文雄說在研究湯德章過程裡，他有二個願望，一是故居可以保留下來，二是希望能看到湯德章的後代能夠從過去的陰影走出來，正視湯德章，理解他對人權、公平正義的付出，理解二二八事件帶來的歷史傷痛，再來思考未來如何可以不再發生類似的事。

「看到兩個都做到，我就功成身退了。」李文雄說。

好奇地問李文雄大哥，為何這麼喜愛臺南文史？他說了一個親身經歷的故事。

那是他年輕剛接棒莉莉水果店時，有個身穿旗袍的女士，腳踩高跟鞋排隊買果汁，來到昏暗、裝潢老舊的店裡，等待時臉上露出侷促不安的表情，李文雄閱讀到客人的心情，想做出改變，想來想去他認為店裡應該要有文化！

從文化的大方向出發，李文雄從身邊小事物開始著手，店旁的臺南市母親之河：福安坑溪，對面的孔廟、附近的大南門古城牆，石碑、大樹、窗櫺、水池，從明、清、日本……，臺南這座四百年的城市裡，有數不清的歷史文物等待他挖掘、再賦予新意。李文雄照相、收集資料、救老樹，自行編文化刊物免附贈送……。這些變成今日莉莉水果店的重要資產，如果有機會來莉莉，你吃下的不只是水果盤、剉冰和飲料，一同品嚐到的是臺南的文化氛圍和李文雄對自己土地的熱愛。

如今莉莉水果店已交棒給第三代，但李文雄總是在店裡，美其名為看顧，其實都花時間在畫畫，畫水果、畫臺灣、製作湯德章明信片，搭配讚頌人權、臺灣、水果，和聖經的短文，作為虔誠的基督教徒的他，慷慨、溫暖，甚至在工作室前分送免費水果給過路人。李文雄的熱情吸引許多愛好臺南地方文史者加入，他們喜歡也習慣以冰店為基地，互通訊息，研究討論。

歷史怪老子蔡顯隆

當李文雄查詢湯德章資料，遇到看不懂的日文時，他就會請教曾留學早稻田政治經濟系的蔡顯隆，我們跟著李文雄叫他「蔡老師」。只要有蔡老師出現你就很難不注意他，臺南氣候大都炎熱，但蔡老師常常穿著外套以示莊重，再來他身上有股氣味，令人印象深刻。

蔡老師熟記歷史典故、人物生平軼事，只要一上臺南市街頭就有說不完的故事，他父親開設的新松金樓，是當時臺南最有名的酒家之一，出入重要人士，湯德章便是其一，其他如臺灣文協分裂後的臺灣工總聯盟，在臺南開會也選擇在新松金樓。蔡老師的父親熟記常客，對湯德章不陌生，說湯德章有錢時就會去新松金樓吃飯喝酒，沒錢才去對面的小蓬萊。另外，湯德章最愛聽日語歌〈廣東賣花姑娘〉，還有一些喝酒時助興的歌。

「卡你借五錢，來去花，走來走去是煙花界，鹿介咻，啊鹿介咻。三斟酒，阿咧兩斟菜，姑娘，水水ㄟ藝旦叫一個來，呦依，呦依

蔡顯隆老師

那……」。

蔡老師當場就哼唱起來，彷彿就在酒樓的現場。他幾乎每天泡在成大圖書館地下室，翻閱沒什麼人看的舊文獻資料和復刻版報紙，日治時期的《臺灣日日新報》是他每天要翻閱的文本，湯德章的資料在哪裡，他很熟。對專業的歷史研究學者來說，蔡老師也許沒什麼厲害的，但他活在歷史堆裡，沒有報酬，純粹個人喜好，這引起我們很大的興趣。好奇問他一天到晚看這些資料有何樂趣？蔡老師說：「大家都說事情是怎樣怎樣，要求證啊！圖書館有很多資料可以證明，才是真正的歷史啊！這些資料都是近幾年才有的，以前的話，學校不給看啊！」

七十五歲的蔡老師說，當年在早稻田念政治經濟系，他做的研究是關於蔣介石，有一次在日本國會圖書館，翻閱中國國民黨出版的黨史，書上描述孫文在彌留時，握著汪精衛的手說：「兆民、兆民，和平奮鬥救中國……」，而非握蔣介石的手。蔡老師嚇壞了，跟他在臺灣學習到的歷史不一樣，他滿懷疑惑的去問指導老師，卻被老師敲頭說：

「你自己好好想想看，那時蔣介石的身分是軍校校長，可能待在孫文旁邊嗎？」

常常講到一半，蔡老師冷不防就丟一個問題：「那個債留臺灣，錢進中國的是誰？」

「馬英九？陳水扁？我不知道捏」，哇咧，誰知道啊?!……

「陳由豪啦！什麼陳水扁……，你近代史都不懂，還去研究湯德章什麼鹿沼事件……哈哈哈。」

喜歡蔡老師，是因為他讓影片裡的歷史變得生活、也更易親近一些，沒那麼嚴肅，許多年輕人不就是被歷史的沉重、複雜與爭議性嚇跑的。拍歷史相關影片時我就思考兩件事，一是絕對要跟看書不一樣，如果看書就OK，那影片意義何在？二是歷史可以稍微輕鬆一點嗎？最好還能有些幽默感，在臺灣的歷史背負著政治、意識形態的擔子夠重了，只要創作者面對歷史的態度正經嚴肅就好，如何讓不喜歡歷史的朋友，因為影片的強大傳播力能輕鬆的吃進歷史，我認為是歷史影片製作的重要功課之一。

記者楊淑芬

經友人的介紹，我們認識了一位女記者楊淑芬，她整理了很多的湯德章資料，並計畫想寫一本書，楊淑芬半開玩笑地說：「發覺自己是全世界最了解湯德章的人，不寫不行！」

楊淑芬大學念的是歷史，畢業後開始在雜誌社工作，像是《中國結》這樣的雜誌，介紹最新的中國結樣式，也報導故宮裡文物與中國朝代、中國大陸各區域文化等，慢慢練就筆力。

「在雜誌社的記者工作，並沒有脫離學校的歷史訓練方式，我都用研究歷史的方法，分辨出第一手與次要的資料訊息，再去追蹤，往往很有效率。之後在報社也一樣。」

隨著一九八七年解嚴，一九八八年初的報禁開放，楊淑芬考進中時晚報，在中國時報系統工作近二十年後，中國時報由旺旺集團接手，報社員工被資遣，楊淑芬回到臺南開始接觸鄉土的人、事、物，和湯德章就這樣相遇了。

記者楊淑芬

楊淑芬：「有一次帶導覽講解湯德章的故事，正好在場有湯德章的後代陳聰深的女兒就問為什麼湯德章一直換姓，是虛榮的要去求什麼嗎？⋯⋯。我說我看了一些資料，感覺湯德章換姓是在找尋自己的身世，不停的在問我是誰？」

看見湯德章有趣又特別的人生，楊淑芬開始想找尋他的日本時代：「他姓湯，但他叫過林德章，也曾經稱自己：新居德章、坂井德章，又回到湯德章⋯⋯。

你看一個人的一輩子，光是自己的名字（姓）換了這麼多次，他一定超級混亂嘛！這到底是一個多麼不安定、多麼擾動的一個靈魂⋯⋯，也就是因為這樣開始吸引我投入研究，他到底是一個什麼樣的人？」

楊淑芬感覺冥冥之中要和湯德章相遇。報考中時晚報應試的時候是在臺北龍山國中，日治時期前身就是湯德章去受訓的警察官及司獄官練習所（警察訓練所）。之後又有機緣進入中華日報服務，那曾是國民黨的黨報，楊淑芬心想裡面應該有很多湯德章的資料，因為二二八事件時，所有報紙都停刊，只有中華日報沒有停。

「感覺好像是湯德章要我來的……。」

楊淑芬用記者跑新聞的精神，大量收集湯德章的資料，研究、分析，卻在一個點上卡關。

「臺日混血的湯德章，三十二歲時曾被外派到中國廣東當警察指導。那個深知臺灣人在日本殖民處境下的湯德章，到底在廣東看到什麼？讓他在短短三個月後，就離開廣東，辭掉警察工作，頭也不回走上另一條律師之路！」

她查了很多資料：香港淪陷日記、廣東淪陷史料……，都沒有提到相關的資訊。曾經紀錄片的計畫已和楊淑芬談好要拍攝她去廣東找資料，結果二〇一九年二月香港面臨反送中的示威抗議，一時風聲鶴唳，加上二〇一九年底從武漢開始爆發肺炎疫情並擴散全球，去廣東的計畫延遲擱置、最後取消。沒想到的是，楊淑芬最後也放棄湯德章的寫作。

「一開始覺得有使命感。因為湯德章的銅像立在臺南市中心點，那麼重要的地方卻沒什麼人知道他是誰！既然我是全世界最了解他的人，不是應該寫出來讓大家知道嗎？但現在湯德章已經有一本日本人寫的書，訊息與資料越來越多，他也被越來越多人知道……。加上要寫的兼顧史實又要大眾化的方向拿捏實屬不容易，猶豫許久，一忙起別的事後，慢慢就漸漸失去寫的動力。」

之後有點慌恐的接了淑芬的棒子，想寫的理由是應該要有一本臺灣觀點的書來看湯德章，另一個原因是想把放不進去紀錄片裡，卻很精彩的面向，用文字留下來。

原本對歷史並不熟悉的我，在做紀錄片時嚐到了苦頭，湯德章的故事涉及臺灣日治時期的土地、警察、法律等生活史與總督府不同時期的殖民政策，戰後到二二八的國民政府的歷史亦然。記得有一陣子，每天翻看二戰後的舊報紙《民報》，想知道臺灣社會在結束日本統治又經歷國民政府的十六個月裡，面臨什麼樣的情境，一頁一頁從早上到黑夜，真實時間的流逝和閱讀史料中的舊時光，在某瞬間竟交錯重疊，忽然恍神自己在哪個時空？沒想到歷史紀錄片像個無底洞，可以無止盡的延伸出去，也沒想到精神上的收穫和辛苦一樣多。

投入歷史的過程有時不免擔心，自己這樣做法夠全面、完整嗎？李文雄的一些話鼓勵了我，也安慰我。

「今天寫出來的東西，如果有寫錯也沒關係，既然要寫文化，就要有那種希望後面的人可以來推翻你找到的真相，我們要有這種想法。」

謝謝眾多受訪者與被攝者們，謝謝研究與書寫歷史的前輩們，站在你們巨大的肩膀上，才有機會完成這本書。

關於圓環和紀念公園

萬事起頭難。影片要從哪裡開頭？我們思考許久。

很多人並不認識湯德章，沒有暖身，就直接進入湯德章的故事可能適得其反，要先解決的問題是：「湯德章是誰？為什麼我們要認識他！」

片頭最好是大部分觀眾會面臨的處境，和他們可以理解和認同的問題。

慢慢發現莉莉冰果室李文雄的發問顯得重要：湯德章有名人故居，有紀念日、紀念公園，但多數臺南人不認識他。其中「湯德章紀念公園」是大眾最直接的疑惑，也和最初製作紀錄片的起點接近。

紀念公園在眾所皆知的交通要道，正好反映這個矛盾，這不只是臺南人的矛盾，也是集體臺灣人想擁抱歷史卻又被歷史輕易推開的歷史窘境。

影片中百分之九十五的民眾疑問，便與土地、圓環、銅像與荒謬歷史的序章同時開展。

湯德章紀念公園處於臺南市中心的一個圓環。歷史上這裡在清代是私人的庭園宅邸，之後成為公共的祭祀空間「三界壇」，還蓋起「兩廣會館」等公共空間。到了日本時代，因為這裡的住宅密集度低，便開始都市設計、道路重劃，圓環是日本仿效法國的交通設計，以其為核心放射出七條大道通往市區各處，並在圓環週邊設置臺南州廳、警察局、消防隊、測候所、議會等重要建築。

在臺灣的廣場樹立偉人銅像的傳統，也從日本時代開始，一九〇七年此處便立有塑像：兒玉源太郎，他是臺灣日治時期的第四任總督（一八九八～一九〇六），塑像與真人大小等身，以雪花石膏為材料製作。一九一一年這裡開始設置公園，時值大正年號之始，故名為「大正公園」。一九三〇年代圓環建設完成後，大正公園既是交通要道，周遭又是重要政府機關所在，在汽車還不普及的年代，這裡便成為市民散

步、嬉遊的公園，人潮開始聚集此處，成為臺南人重要的歷史記憶。當時雖以大正公園為名，但老一輩臺南人都習慣稱這裡為「石像圓環」，或暱稱為「石像」。

二戰後國民政府接管，並重新命名市街，圓環改名為「中正綠園」，原來的兒玉像不知去向，直到二〇一五年在臺南市定古蹟「日軍步兵第二聯隊官舍」建物地板下被發現。一九六〇年，兒玉像的位置變成一個沒有政治色彩的四面鐘；一九六五年四面鐘改為孫中山的銅像，上面刻有「天下為公」字樣；一九九七年張燦鍙市長將「中正綠園」改為「民生綠園」。

一九九八年經臺南市議會的連署提案，在二二八紀念日當天將圓環改名為「湯德章紀念公園」，並將湯德章的塑像豎立於公園。一九九八至二〇一四年，公園內同時有湯德章塑像和孫中山的

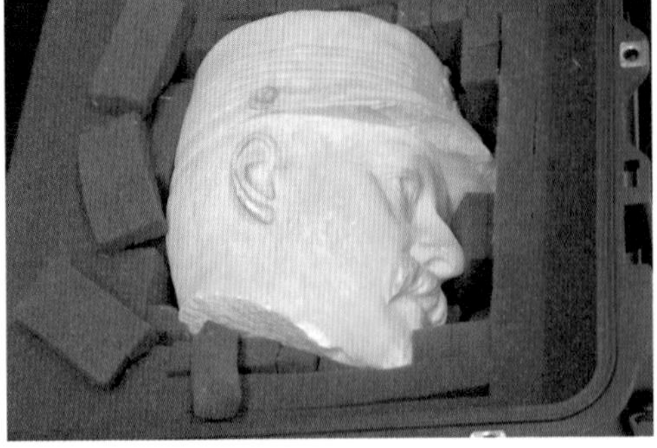

重出土的兒玉像

第四任臺灣總督兒玉源太郎（引自《臺灣歷代總督之治績》）

圓環內湯德章紀念雕像

德章律師

銅像並存，二〇一四年孫中山銅像被公投護臺灣聯盟拉倒，引發不同政治立場互相謾罵，拉扯銅像者被警方依公共危險罪查辦。

一百多年來，作為公共空間的湯德章紀念公園，有許多的歷史身世與不同名稱。在臺灣，不同的政權都在公共空間和銅像間互相角力，直到今天，仍持續在臺灣發生。面對不同的政治時空與歷史詮釋，這些「時代」帶來的問題，是否只能靠「時間」來解決？這可能是所有臺灣人不得不面對的功課。[60]

註60：葉瓊霞，〈空間與歷史記憶：臺南市湯德章紀念公園的歷時性考察〉，國家文化資產網。

湯德章紀念公園

導演問答題

Q1 爲何紀錄片要有尋找者的形式？爲何是這些尋找者？

一開始對《尋找湯德章》是比較多戲劇的想像：重現、虛構演出。經過田野到實際拍攝時，發現自己更想看的是現場直擊、真實的一面。在確定結構後，發現——湯德章跟灣生回家一樣有多個角色的尋找，其實也不特別驚訝。《灣生回家》是每個角色在找自己對他生命中，臺灣作為故鄉的存在、回憶、思考或想像，每個尋找者有其意志。

《尋找湯德章》則如同片名一樣，回到一個歷史人物，回到臺南市中心的圓環，把湯德章作為一個基礎點放射出去，你看到尋找者們的意志、背景與此時人們對湯德章和歷史的思考，看到湯德章經歷過的日本殖民下的臺灣社會，看到他的疑惑、不安、混淆，看到他對殖民的厭惡與殖民結束時的狂喜，並將喜悅投射到國府身上，然後再重複疑惑、不安、混淆後，看到戰後兩個不同文化、價值思考的族群，接觸後的碰撞，終至大規模的巨烈衝突。二二八事件與白色恐怖的後遺症持續至今，仍深深地影響臺灣與土地上的人們。

湯德章跟灣生回家也相似，起初不設定是哪些的尋找者，而是拍攝許多的尋找者後，慢慢挑選各方面比較能契合的。我可能還是覺得素人有趣，所以影片裡都是一些民間的歷史愛好者，而非規矩的專業歷史學者，這可能是我自己的偏見，不滿足於太過制式、確切的事實，好像一確定就僵掉，沒有其他可能性。

莉莉冰果室的老闆李文雄說：九五%的臺南人不知道湯德章是誰？真是個很幽默又荒謬的事實，帶著某種諷刺意味。是臺灣人對歷史的健忘嗎？還是反映了臺灣政治跟歷史的複雜性。

在現今的臺灣，歷史空間與歷史人物經常成為政治意識形態的角力場，像中正紀念堂與自由廣場的爭論，甚或幾年前的湯德章紀念公園亦然……。

Q2 影片看完好像眞正尋找的不只是湯德章？如果湯不是英雄，我們從他身上看見了什麼？

湯德章是主軸線，經由他戲劇性的一生來看日治時期到二戰後國府時期的臺灣。他的戲劇性是他臺日混血的身分，正巧活在一個殖民時代，湯德章的警察父親被臺灣人殺死，但成長後的他還是走上警察之路，最後他去了日本取得律師資格，卻認同自己是臺灣人回到臺灣，政權更替後，被國民政府以日本人遺毒為由槍殺。

如果人是環境的產物。我們經由時代、社會氛圍去貼近湯德章，也將間接理解當時的種種。不只是過去，現在的尋找者又站在什麼位子？以什麼樣的角度切入湯德章？應該也有當下時代社會的影響。例如有人只想談論二二八事件裡的湯德章，也有人以英雄、偉人切入。再者，如果看過門田隆將先生寫的湯德章，再看這本書，應該也可以看出兩者間臺日觀點的差異。

紀錄片和書不同，呈現更多他者的觀點，這點很棒，因為用心的尋找者會自然產生其觀點，不僅豐富影片，有意思的觀點還有機會彼此互相辯證，再產生更多沒意料到的面向。如果影片的拍攝、製作期更久，再加入時間因素，則面向能更豐富。這種「互相瞭望」，過去和當下的人、事、地的互相觀照、反射，讓影片更耐人咀嚼，而觀者更沉浸其中。

Q3 紀錄片的難處與收穫爲何？

要短時間理解二二八親身經歷者、家屬是很難的一件事，如同影片中的湯聰模、陳銀……，外界其實很難真正理解他們的傷痛與恐懼，甚至二二八事件與白恐期間前後有些被害與加害者重疊，讓對錯、責任更形複雜，這部分與轉型正義的問題，是此次紀錄片沒辦法觸及與討論的。

歷史的虛實拿捏，真假有時難辨，涉入其中難免帶有主觀心證，才發現歷史不可能絕對客觀。此外還有其道德與政治風險，以湯德章為例：許多認識湯德章的朋友帶著他們的理解而來，認為影片裡的湯德章若不是英雄，可能沒人有興趣!?甚或湯若不是英雄是否危及某些人的信仰!?反之，若湯德章太英雄化，是否又塑造成樣板、刻板而不可信的神話，而倒打自己一巴掌。

在面對大量的歷史資料，我們閱讀並消化後，盡可能只呈現事實，試著不作過多批判。其實影片動人之處，主要是情感，如對父親、土地、故鄉、家族、親人、語言使用等等，這部分一般觀眾較能認同，反而最重要。面對湯德章的死亡，二二八事件在臺灣社會已被簡易標籤為苦難、傷痛，其資料與訊息又很巨量，不可能全倒給觀眾，但又不能略過不提，於是我們找到湯德章做為法律人的視角，呈現戰後臺灣經歷日本與中國法律上的重大差異與變化，意外的發現法律是維持社會秩序很重要的基礎。如果沒有健全的法律體制，與懂法治的社會與人民，及有效執行法治者，沒有這三者構成的法治來約束群體的秩序與認知，則社會很容易陷入混亂。不幸的，這很可能就是戰後國府來臺後十六個月裡，湯德章看到的臺灣。

觀察湯德章的人權歷程，他從小就有好打抱不平、抑強扶弱性格，從師範退學便選擇一條與體制衝突的路。鹿沼事件中他將日人移送法辦，返臺在臺南從事律師時開始為臺灣人的權益在法律上奮戰；二戰後他經歷澀谷事件、員林事件，為人權、為法治發聲；到二二八事件時即使不具公職身分，湯德章仍然擔任二二八處理委員會的治安組組長。

一路看下來，我觀察到的湯德章並非革命家，他想的是在如何在體制內改變，如同他寫的自我介紹般的單純，他沒有想過扭轉體制，那不是他的思考，在當時知識分子大都走上左派之路，湯德章卻似乎與社會主義沒有太多交集。曾作為執法的警察，又是律師的法律人，湯德章知道他能改變的是經由法治來規範、調整，從而完善社會。只可惜湯德章最終沒機會看到想像中的法治社會，也沒機會看到一步步走向民主的臺灣，而那又是另一個故事了。

Q4 爲何書與影片都對湯德章身邊女性的描述不多？

湯德章在其親族後代的口述歷史並不多，他的妻子陳濫則更少。

湯聽模曾回憶說母親陳濫常生病，在父親於二二八事件受難後親友紛紛躲避，母親撐起重擔，幸好有人默默幫助，例如當時的市參議員蔡丁讚固定每月送二大包白米，幫助他們渡過難關。母親悲傷之餘則選擇走入宗教，而且很投入，據聞陳濫並不識字，但最後做到「點傳師」的職位。

若提到湯德章身邊的女性，我則對他的母親湯玉更感興趣，一九一五年她看著伴侶新居德藏被臺灣人殺死，兒子湯德章又在一九四七年的國民政府時代遇難，試想這樣人妻、人母的心情。

陳銀曾提到，年輕時她被舅舅湯德章說服住在楠西，於是知道湯玉的老家在高雄內門一代，湯玉幼時曾和她的祖母在內門山裡的某寺廟裡顧廟。我們曾經前往內門一帶的百年古廟走訪，那些老廟內部依然有些事蹟值得玩味。

聽湯聽模說，湯玉到晚年似乎是一副從容自若的樂天模樣，臉上並無眉頭深鎖狀，也許是看盡了人世滄桑。

【湯德章年表】

（楊淑芬、黃銘正製表）

相關大事紀

1905，臺北大稻埕、艋舺開始有電燈。
1907，興建新店溪水源地，為臺灣現代化自來水之始。
日本開始拆除臺南府城城牆

大正公園設圓環

臺南地方法院落成
日本宣布對德宣戰

末廣公學校、南門小學校設立。

臺灣文化協會成立
（1920，臺灣議會設置請願運動）

臺北師範事件（1924），陳植棋等三十人被退學。

二林蔗農事件
臺南安平運河完工

臺灣文化協會左右派分裂

臺灣大學成立（時稱臺北帝國大學）

東京大地震
世界經濟大恐慌

嘉南大圳完工
臺灣文化三百年紀念會展覽

臺南警察署落成

年齡	紀年	事蹟
1	1907（明治40年）	出生於臺南州新化郡玉井庄 父親新居德藏（1875，明治8年） 母親湯玉（1879，明治12年） 姊湯柳（1903，明治36年）
4	1911（明治44年）	弟弟德次郎出生（德次郎大正5年過世）
7	1914（大正3年）	入噍吧哖公學校
8	1915（大正4年）	噍吧哖事件，父新居德藏死亡。
14	1921（大正10年）	噍吧哖公學校畢業，就讀臺南師範學校。
18	1925（大正14年）	從臺南師範退學，自學不輟。
19	1926（昭和元年）	進玉井糖廠，燒炭工。
20	1927（昭和2年）	4月25日臺南州警察教習生 8月5日結訓，任臺南州東石郡巡查。
21	1928（昭和3年）	3月13日調臺南警察署巡查 9月考上乙科練習生 10月2日入臺灣總督府警察官及司獄官練習所
22	1929（昭和4年）	2月15日乙科修了升總督府巡查 2月17日調任臺南州巡查 5月19日普通文官試驗合格
23	1930（昭和5年）	1月20日與東石郡陳濫結婚 臺南開山派出所巡查
24	1931（昭和6年）	11月19日專門學校入學者檢定試驗合格（修身、體操）

相關大事紀

林百貨落成

第十四次臺灣議會設置請願運動，請願團造訪眾議院。
日本拓務省否決臺灣自治案

日月潭水利發電廠完工，臺南開始供電。

臺灣首次人民選舉
始政四十周年記念臺灣博覽會
建臺南州議會

臺南驛落成，崛田交通總長親臨。
臺南州議員選舉，臺籍十二人日籍二十四人。

七七事變，第二次中日戰爭爆發。

臺灣總督府廢廟宇，毀神像。

臺灣總督府宣布皇民化、工業化、南進基地化。

總督府鼓勵臺灣人改姓名（積極的皇民化運動）
創建愛國婦人會館

皇民奉公會成立，推動皇民化運動。
太平洋戰爭爆發。

年齡	紀年	事蹟
25	1932（昭和7年）	2月29日考上甲科練習生 3月31日再度入臺灣總督府警察官及司獄官練習所，寄留臺北州訓練。
26	1933（昭和8年）	3月27日甲科修了 3月29日升臺南州警務部巡查部長 5月31日調嘉義警察署 10月4日升臺南警察署警部補
27	1934（昭和9年）	臺南州臺南警察署警部補
28	1935（昭和10年）	為日本東京叔父坂井又藏收養，改名坂井德章。 臺南州臺南警察署警部補
29	1936（昭和11年）	4月1日調臺南州嘉義警察署警部補
30	1937（昭和12年）	5月14日調臺南州警務部刑事課警部補 9月16日調斗六郡司法兼外勤監督
31	1938（昭和13年）	7月15日調虎尾郡保安係兼衛生係 收養姐姐湯柳五子湯聰模為養子。
32	1939（昭和14年）	1月14日免兼保安係衛生係，至廣東出差。 4月1日調臺南署兼新豐郡警部補 4月13日辭去警職。
33	1940（昭和15年）	攜妻兒赴日本東京 日本大學法律專門部旁聽、進修 中央大學法學部旁聽 11月專門入學檢定考試及格
34	1941（昭和16年）	5月日本高等文官預備試驗合格 9月日本高等文官司法科合格；從日本大學法律專門部退學。

相關大事紀
徵軍佚赴南洋、海南島戰爭。
日軍敗戰連連，學生兵開始投入戰場。
臺灣進入戰爭狀態，美軍南臺灣大空襲（總督府公告臺北、臺中、臺南、高雄為必須疏散地區）。
美軍投擲原子彈，日本無條件投降；10 月國民政府接收臺灣，行政長官公署成立。陳儀任第一任長官。
臺南市第二任市長卓高煊上任 （4月霍亂菌入侵臺南市灣裡，7月臺南死三百多人）
二二八事件 廢行政長官公署，臺灣省政府成立。

年齡	紀年	事蹟
35	1942（昭和17年）	日本受辯護士訓練、實習，妻兒暫時返臺。同時準備高文行政科考試。
36	1943（昭和18年）	辯護士實習結束 日本高等文官行政科合格 返臺，9月28日向臺灣總督府登錄辯護士。
37	1944（昭和19年）	購屋臺南市南門町3丁目32番地，做為律師樓以及住家；後因戰爭疏開至玉井楠西。
38	1945（昭和20年，民國34年）	1月，改姓名為湯德章。 10月國民政府接收臺灣，被任命為臺南市南區區長，辦公室設於愛國婦人會館，隔年7月請辭，繼續律師執業。
39	1946（民國35年）	參選第一屆省參議員，得票數八，次於韓石泉，為候補省參議員。 10月入國民黨 11月初當選臺南市人民自由保障委員會主任委員。
40	1947（民國36年）	二二八事件爆發，3月5日被推選為二二八事件處理委員會臺南分會治安組組長。 3月10日行政長官陳儀宣布全省戒嚴，二二八事件處理委員會被撤銷。 3月11日在市參議會被捕 3月13日在臺南市民生綠園當眾槍決

【參考書目】

吳濁流，《台灣連翹》，臺北市：前衛，1988

吳濁流，《無花果》，臺北市：草根出版，1995

李旺台總編輯，《二二八事件新史料學術論文集》，臺北市：二二八基金會，民92

林莊生，《回憶台灣的長遠路程》，臺北市：玉山社，2014

黃稱奇，《撐旗的時代》，臺北市：悅聖出版，民90

林莊生，《懷樹又懷人》，臺北市：玉山社，2017

葛超智，《被出賣的台灣》，臺北市：台灣教授協會，2014

行政院研究二二八事件小組，賴澤涵總主筆，《「二二八事件」研究報告》，臺北市：時報文化，1995

司法院司法行政廳，《台灣法界耆宿口述歷史》，臺北市：司法院，2004

陳逸松口述，《陳逸松回憶錄：太陽旗下風滿台》，臺北市：前衛，1994

賴澤涵、馬若孟(RamonH. Myers)、魏萼合著，《悲劇性的開端：臺灣二二八事變》，臺北市：時報文化，1993

李筱峯，《臺灣戰後初期的民意代表》，臺北市：自立晚報，1986

張炎憲、李筱峰，《二二八事件回憶集》，臺北縣板橋市：稻鄉，民79

李筱峰，《二二八前後中國知識人的見證》，臺北市：玉山社，2020

李筱峰，《二二八事件》，臺中市：莎士比亞文化出版，2006

康豹，《染血的山谷：日治時期的噍吧哖事件》，臺北市：三民書局，2006

林木順，《臺灣二月革命》，臺北市：前衛，1990

陳儀深、薛化元主編，《二二八事件真相與轉型正義研究報告V1&V2》，臺北市：財團法人二二八事件紀念基金會，2021

蘇新，《未歸的臺共鬥魂：蘇新自傳與文集》，臺北市：時報文化，1993

張炎憲等執筆，《二二八事件責任歸屬研究報告》，臺北市：二二八事件紀念基金會出版，2006

鍾逸人，《辛酸六十年（上）》，台北市：前衛，1993

臺灣省文獻委員會二二八事件文獻輯錄專案小組，《二二八事件文獻輯錄》，臺北市：臺灣省文獻委員會，民80

魏永竹主編，《二二八事件文獻續錄》，南投市：臺灣省文獻委員會，民84

魏永竹、李宣鋒主編，《二二八事件文獻補錄》，南投市：臺灣省文獻委員會，民83

王秋森等合著，《1947台灣二二八革命》，彰化縣田中鎮：陳婉真，2017

布洛克（Marc Bloch），《史家的技藝》，臺北市：遠流，2020

張炎憲等採訪記錄，《嘉義北回二二八》，臺北市：吳三連臺灣史料基金會出版，2011

張炎憲、胡慧玲、曾秋美採訪記錄，《臺灣獨立運動的先聲：臺灣共和國》，臺北市：吳三連臺灣史料基金會出版，2000

戚如高、馬振犢編輯，《臺灣「二二八」事件檔案史料 V2》，臺北市：人間，1992

陳翠蓮、吳乃德、胡慧玲，《百年追求：臺灣民主運動的故事》，新北市：衛城出版，2013

許雪姬主編，《保密局臺灣站二二八史料彙編1～3》，臺北市：中央研究院臺灣史研究所，2015&2016

鄧孔昭編，《二二八事件資料集》，臺北縣板橋市：稻鄉，民80

韓石泉原著，《六十回憶：韓石泉醫師自傳》，臺北縣新莊市：望春風文化，2009

塩見俊二原著，《秘錄．終戰前後的臺灣》，臺北市：文英堂發行，2001

王景弘編譯，《第三隻眼睛看二二八：美國外交檔案揭密》，臺北市：玉山社，2002

王育德，《臺灣：苦悶的歷史》，臺北市：草根出版，1999

高雄史料集成編輯委員會編，《解密．國際檔案的二二八事件》，高雄市立歷史博館，遠足文化，2018

黃惠君，《激越與死滅：二二八世代民主路》，新北市：遠足文化，2017

黃惠君，《光與灰燼：林連宗和他的時代》，臺北市政府文化局，2019
班納迪克．安德森，《想像的共同體：民族主義的起源與散布》，臺北市：時報文化，1999
陳翠蓮，《派系鬥爭與權謀政治：二二八悲劇的另一面相》，臺北市：時報文化，民84
門田隆將，《湯德章：不該被遺忘的正義與勇氣》，臺北市：玉山社，2016
王泰升，《台灣日治時期的法律改革》，臺北市：聯經出版，2010
李欽賢，《俠氣．叛逆．陳植棋》，臺北市：行政院文化建設委員會出版，2009
王泰升，《台灣法律史概論》，臺北市：元照，2017
藍博洲編著，《日據時期臺灣學生運動》，臺北市：時報文化，1993
吳聰敏，《制度與經濟成長》，臺北市：國立臺灣大學出版中心出版，2020
臺灣總督府警務局，《臺灣總督府警察沿革誌．第二篇，領臺以後的治安狀況（上卷）》，臺南市：國史館臺灣文獻館，民97
中央研究院近代史研究所編，《二二八事件資料選輯．二》，臺北市：中研院近史所，民81
法律白話文運動，《憲政熱映中：中華民國憲法的怪誕與進化》，臺北市：聯合文學，2021
鄭政誠，《南臺灣的師培搖籃：殖民地時期的臺南師範學校研究1919～1945》，博揚，2011
涂叔君，《南瀛二二八》，台南縣文化局，2001
丘念台，《嶺海微飄》，中華日報社，1962
林宗光，《臺灣人之認同問題與「二二八」》，臺北市：臺北市政府，民86
葉芸芸編寫，《證言2．28》，台北市：人間，民79
王乃信等翻譯，《台灣社會運動史：一九一三年～一九三六年》臺北市：海峽學術出版，2006
鷲巢敦哉，《日治時期南臺灣治安報告書》，高雄市：高雄市文獻會，民89

臺灣總督府警務局編，《臺灣抗日運動史》，臺北市：海峽學術，2000
台灣法律史學會、王泰升、劉恆妏主編，《以台灣為主體的法律史研究》，臺北市：元照，2007
陳鋕雄，《日治時期的臺灣法曹》，臺北市：元照，2019
王泰升，《臺灣法律現代化歷程：從「內地延長」到「自主繼受」》，臺北市：中央研究院臺灣史研究所，國立臺灣大學出版中心，2015
張復鈞，《戰後台灣的律師：從個別到集體的擁護人權》，國立臺灣大學法律學研究所碩士論文，民96
蘇瑤崇，〈「終戰」到「光復」期間臺灣政治與社會變化〉，國史館學術期刊第十三期
劉恆妏，〈日治與國治政權交替前後台籍法律人之研究：以取得終戰前之日本法曹資格者爲中心〉，收於林山田教授退休祝賀論文編輯委員會編，《戰鬥的法律人：林山田教授退修祝賀論文集》，台北市：2004
劉恆妏，〈戰後初期臺灣司法接收1945～1949：人事、語言與文化的轉換〉，台灣史研究第十七卷第四期，中央研究院台灣史研究所，2010
管文亮、王泰升，〈被併吞的滋味：戰後初期臺灣在地法律人才的處境與遭遇〉，台灣史研究第十四卷第二期，中央研究院台灣史研究所，2007
劉恆妏，〈戰後台灣的黨化司法：1990年代以前國民黨對司法人事的制度性掌控及其後續影響〉，中研院法學期刊第24期，2019
吳俊瑩，〈由「員林事件」看戰後初期臺灣法治的崩壞〉，國史館館刊第三十七期，2013
《口述歷史期刊》，第三期（二二八事件專號），臺北市：中央研究院近代史研究所，1992
《民報》，1945～1947
《中華日報》，1947
《人民導報》，1946～1947
《興臺日報》，1947

國家圖書館出版品預行編目(CIP)資料

尋找湯德章:時代與他的七道難題 / 黃銘正著. -- 初版. -- 臺中市:晨星出版有限公司, 2024.02
面; 公分. --(圖解台灣; 33)
ISBN 978-626-320-758-5(平裝)

1.CST: 湯德章 2.CST: 傳記 3.CST: 二二八事件

783.3886 112022560

線上讀者回函，
加入馬上有好康。

圖解台灣33

尋找湯德章：
時代與他的七道難題

作者	黃銘正
主編	徐惠雅
執行主編	胡文青
校對	黃銘正、連楨惠、胡文青
美術編輯	李岱玲
封面設計	張蘊方

創辦人	陳銘民
發行所	晨星出版有限公司 台中市407工業區30路1號 TEL：04-23595820 FAX：04-23597123 http://star.morningstar.com.tw 行政院新聞局局版台業字第2500號
法律顧問	陳思成律師
初版	西元2024年02月28日 西元2024年05月10日（三刷）
讀者專線	TEL：(02)23672044 / (04)23595819#212 FAX：(02)23635741 / (04)23595493 service@morningstar.com.tw
網路書店	http://www.morningstar.com.tw
郵政劃撥	15060393（知己圖書股份有限公司）
印刷	上好印刷股份有限公司

定價390元
（如有缺頁或破損，請寄回更換）
ISBN：978-626-320-758-5

Published by Morning Star Publishing Inc.
Printed in Taiwan